Leaders of Learning

How District, School, and Classroom Leaders Improve Student Achievement

专业学习共同体

[美] 理查德 · 杜富尔 Richard DuFour [美] 罗伯特 · J.马扎诺 Robert J. Marzano 著

如何提高学生成绩

中国青年出版社

图书在版编目(CIP)数据

专业学习共同体：如何提高学生成绩/（美）理查德·杜富尔，（美）罗伯特·J. 马扎诺著；张庆彬译. —北京：中国青年出版社，2023.9
书名原文：Leaders of Learning:How District,School, and Classroom Leaders Improve Student Achievement
ISBN 978-7-5153-7014-9

Ⅰ.①专… Ⅱ.①理… ②罗… ③张… Ⅲ.①教学研究 Ⅳ.①G420

中国国家版本馆CIP数据核字（2023）第157230号

专业学习共同体：如何提高学生成绩

作　　者：［美］理查德·杜富尔　罗伯特·J. 马扎诺
译　　者：张庆彬
责任编辑：肖妧嫔
文字编辑：吴亦煊
美术编辑：佟雪莹
出　　版：中国青年出版社
发　　行：北京中青文文化传媒有限公司
电　　话：010-65511272 / 65516873
公司网址：www.cyb.com.cn
购书网址：zqwts.tmall.com
印　　刷：大厂回族自治县益利印刷有限公司
版　　次：2023年9月第1版
印　　次：2023年9月第1次印刷
开　　本：787mm × 1092mm　1/16
字　　数：146千字
印　　张：12.5
京权图字：01-2022-6044
书　　号：ISBN 978-7-5153-7014-9
定　　价：49.90元

赞誉之辞

研究人员对《专业学习共同体》的评价

本书为具有战略眼光的教育家提供了蓝图，帮助他们在学校系统中建立具有不同等级和影响力的专业学习共同体（Professional Learning Community, PLC）。要做到持续进步，不但需要兼顾各个影响因素，而且要了解各因素之间相互作用的方式。本书非常清晰地阐述了专业学习共同体究竟是什么以及建立专业学习共同体的具体方法。这是一本有关整体变革和领导力的绝妙手册和操作指南。

——乔纳森 · 萨菲尔

"教师21"（Teachers21）项目创始人兼荣誉主席

"为更好的教学而研究"（Research for Better Teaching）机构创始人兼会长

许多和我们一样倡导21世纪教育模式的教育工作者主要关注的是：学生需要具备哪些能力才能成为21世纪有用的公民和劳动者？不过，我们尚未对培养学生这些能力的方式给予充分关注，只是凭直觉知道我们需要新方式和新环境，需要把专业学习共同体纳入解决方案。杜富尔和马扎诺合著的《专业学习共同体》观点独到，清晰地规划了一条前进的道路。21世纪的学习环境应当是什么样的？在新的环境里，教师、校长与管理人员应当扮演什么角色、承担哪些责任？有效的协作需要哪些新的基本规则？本书作者欣然回答了这些重要问题。因此，《专业学习共同体》将成为新21世纪教育文献的必读书目。

——肯·凯伊

"二十一世纪教育领导者"（EdLeader21）首席执行官

别再问如何在教室里一鸣惊人了，本书将为你提供最有效的方法。两位作者通过阐释大量研究素材，论述了课堂领导者和学校领导者应如何进行协同工作以判断他们是否发挥了作用，以及如何充分利用能带来巨大改变的高效策略。

——约翰·哈蒂

新西兰奥克兰大学教育学教授

本书称得上是一部佳作。它不仅详细阐释了领导力，还从极具实践性的角度阐述了领导力如何让学校社群中的每位成员都有所作为。

——迈克尔·巴伯爵士

麦肯锡全球教育业务负责人兼巴基斯坦教育工作组主席

英国前首相托尼·布莱尔交付部门前首席顾问

杜富尔和马扎诺合著的这本书为我们定义了一种领导力，这种领导力最终能够缩小美国学生的成绩差距。领导力不是一种个人行为，而是一种团队力量。我们不应该在组织体系的顶端寻找超人，而应该关注办公室和课堂的领导者，进而为孩子们的生活做出改变。本书值得品读。

——丹 · 多梅内克

美国学校管理者协会执行董事

学区[1]领导者对《专业学习共同体》的评价

这是一本鼓舞人心、见解深刻、注重实效、以结果为导向的佳作。杜富尔和马扎诺将他们的研究和经验相结合，不仅传达了创新理念，还激励了学校的领导者们。任何学区只要愿意采取本书中的策略，都将取得明显的进步。

——汤姆 · 特里格

美国堪萨斯州欧弗兰帕克蓝谷学校学监

“2011年美国国家年度学监决赛入围选手”

对那些热衷于改进学校工作的教师和领导者来说，《专业学习共同体》是一本必读之书。作者将多年的实践、研究和实用技巧相结合，构建了一个供学校和学区使用的框架，以确保所有学生都能得到应有的帮助，并接受高水平教育。本书清晰而全面地论述了一种推动学校进步的方法。对教育工作者来说，推动学校进步具有一定的挑战性，他们需要建立真实可靠的专业学习共同体。这些专业学习共同体的教职工需要相互协作，不断反思并完善自身教学实践，为学生打造一支卓越的专业教育工作者队伍。杜富尔和马扎诺

① 学区是美国各州辖内的基本教育行政机构，负责本学区内的K12公立教育，拥有独立的财政权、人事权和教育行政管理权，是美国K12公立教育体系的核心，美国有近15,000个学区。

合著的这部全新作品将会备受欢迎。

——埃德·拉弗蒂

美国伊利诺伊州绍姆堡镇绍姆堡54学区联合学校学监

“2010年美国伊利诺伊州年度学监”

《专业学习共同体》向广大公共教育工作者传达了一个明确而响亮的信息——我们必须继续提高集体道德水平。这是一个强而有力的号召。杜富尔和马扎诺阐明了我们在课堂、学校以及学区层面的集体责任，即我们需要共同发挥领导力的作用，将经过研究证明的有效策略应用到日常工作中，采取相应行动满足学生多样化的学习需求。此外，杜富尔和马扎诺指出了我们可以避免的错误，并就如何实现高水平的公共教育指明了方向。

——玛丽·艾丽丝·霍舍尔

美国华盛顿州兰顿市兰顿学区学监

“2011年美国国家年度学监决赛入围选手”

如今，学校领导阶层的职责已经发生了重大变化。从办公室领导到课堂教师，所有人都必须充分理解学习的领导者这一角色。马扎诺和杜富尔合著的这本书非常出色，书中不仅描述了我们必须创造什么样的协同环境才能满足每个孩子的学习需求，还点明了领导者必须扮演什么样的角色才能形成聚焦学生学习的协同文化。从权力授予和能力建设，到切实可行的课程设计和教学评估，再到困难学生的帮扶，《专业学习共同体》规划了清晰的路线图。如果我们想要完成让每个孩子都接受教育的道德使命，本书为我们指明了一条必经之路。

——马库斯 · 约翰逊

美国加利福尼亚州弗雷斯诺县桑格联合学区学监

"2011年美国国家年度学监"

学校领导和教师对《专业学习共同体》的评价

虽然教育改革运动的卓越思想家始终强调把教师培养成领导者的必要性，但一直以来，我们都面临着如何准确定义教师的领导力这一挑战。《专业学习共同体》在此时显得尤为重要。该书借鉴了里克[①]在专业学习共同体方面的丰富经验以及鲍勃[②]对如何推动学校进步的看法，并在此基础上详细阐述了一系列实际的行动步骤——从开发切实可行的课程设计到系统监测学生的学习情况，对发挥自身领导力感兴趣的教师可以立即开始行动。作为一名全职教师，我非常感谢这本实用指南，因为它详细说明了我能为课堂、教学团队及学校所做的重要贡献。

——比尔 · 费里特

"教师领导力社群"（Teacher Leadership Network）创始成员兼高级研究员

这是一本令人称赞的佳作，它主要论述了在专业学习共同体中的学区、学校以及教师的领导力。作者阐明了学校组织内各级领导力的重要作用，并

① 里克：对理查德 · 杜富尔的昵称。

② 鲍勃：对罗伯特 · J. 马扎诺的昵称。

以扎实的研究为基础，提出了一系列实用的方法。

——加里克 · 彼得森

美国犹他州奥勒姆市雷克瑞奇中学校长

作为阿德莱·史蒂文森高中的教师，我看到了专业学习共同体建设过程产生的效果，而且，在此过程中我得以与同事们进行交流和互相学习。《专业学习共同体》为在各个学区、学校和课堂建立专业学习共同体提供了充分的理由，并通过实例展现教师作为领导者的日常生活，十分贴近教学现实。此外，本书阐明了优秀的教学是什么样貌、给人什么样的感觉，还提供了许多实用的策略和资源。丹·拉瑟曾经说过：“最好的老师会用一根叫作真理的棍子鞭策学生提高学习成绩。”本书以一种温和而有力的方式，用基于研究的真理推动你不断进步。

——汤姆 · 柯尼斯贝尔格

美国伊利诺伊州林肯郡阿德莱 · 史蒂文森高中前高中教师

谨以此书献给贝基

——理查德·杜富尔——

谨以此书献给未来：
塞西莉亚、阿依达、雅各布、塔亚、贾格尔

——鲍勃·马扎诺——

致　谢

非常荣幸能与北美洲最具影响力的几位教育思想家共事。感谢迈克尔·富兰（Michael Fullan）、道格·李维斯（Doug Reeves）、里克·斯蒂金斯（Rick Stiggins）、拉里·拉索特（Larry Lezotte）、乔恩·萨菲尔（Jon Saphier）、迈克·施默克（Mike Schmoker）和丹尼斯·斯帕克斯（Dennis Sparks）。在与他们交流的过程中，我的思想得到了升华，衷心感谢他们给我的支持和帮助。我非常尊敬鲍勃·马扎诺（Bob Marzano），能与他合著这本书令我万分激动。

衷心感谢众多曾与我并肩奋战的伟大实践者。在此，我要特别感谢阿德莱·史蒂文森高中（Adlai Stevenson High School）的教职工，感谢那些致力于在全世界的学校建立专业学习共同体的同仁，鲍勃·埃克（Bob Eaker）就是其中一位。30多年来，鲍勃·埃克一直是我最好的朋友和伙伴，他的智慧和见解让我受益良多，感谢他一直以来的付出和贡献。

感谢杰夫·琼斯（Jeff Jones），他不仅是本书的出版商，也是我作品的坚定支持者。他开阔的眼界和出众的能力让他能够将一个小型出版公司发展成为北美洲优质专业发展的领先供应商。能与这样优秀的人交朋友、谈合作，我深感荣幸。感谢解答树公司（Solution Tree）[①]的罗伯·高洛斯

① 解答树公司（Solution Tree）是一家领先的教育出版商。——译者注

（Robb Clouse）和格雷琴·克纳普（Gretchen Knapp），他们在组织合作方面发挥了重要作用，促成了本书的出版。感谢苏珊·克拉舍夫斯基（Suzanne Kraszewski）对拙作进行修订和润色。

最后，我要感谢贝基·伯纳特·杜富尔（Becky Burnette DuFour）女士，她给了我无限的支持和关爱，不断影响并丰富我的思想、工作及生活。感谢她一直以来的鼓励。

——理查德·杜富尔

首先我要感谢我的同仁们，他们极大地加深了我对基础教育（K-12）[①]的理解。最应该感谢的人是里克·杜富尔（Rick DuFour）。几年前我曾告诉里克，在我见过的致力于提高学校教学水平的运动中，他和鲍勃·埃克以及贝基·杜富尔筹划的专业学习共同体运动可能最具影响力。直到今天，我依然有这种感受。我非常荣幸能有机会与里克·杜富尔合著这本书。我还要感谢以下诸位（排名不分先后）：道格·李维斯、汤姆·贾斯基（Tom Guskey）、里克·斯蒂金斯、迈克·施默克（Mike Schmoker）、杰伊·麦克泰（Jay McTighe）、格兰特·威金斯（Grant Wiggins）、卡罗尔·安·汤姆林森（Carol Ann Tomlinson）、蒂姆·沃特斯（Tim Waters）、黛安·佩恩特（Diane Paynter）和黛布拉·皮克林（Debra Pickering）。

我还要感谢我在马扎诺研究实验室的搭档杰夫·琼斯（Jeff Jones），是他帮助我在马扎诺研究实验室里实现梦想，如果没有他，这个梦想就永远不会实现。

最后，但最为重要的是，我要感谢与我相伴30年的妻子嘉娜（Jana）。

① K12或K-12，是指从幼儿园（Kindergarten，通常5—6岁）到十二年级（Grade Twelve，通常17—18岁），这两个年级是美国、澳大利亚、英国、加拿大免费教育头尾的两个年级。——译者注

嫁给一个爱好写作的人可能会老得很快，但嘉娜不仅支持我的工作，还不断给我鼓励。她不仅是我的伙伴、我的爱人，还是给予我智慧的缪斯女神。

——罗伯特 · J. 马扎诺

目 录

| 第六章 |

持续监测学生学习

| 第七章 |

确保有效教学

| 第八章 |

学生不学习时的应对策略

|第九章|

领导者是核心问题

作者简介

理查德·杜富尔，教育学博士，曾在公立学校任职34年，担任过教师、校长和学监。在伊利诺伊州，他是唯一以校长身份获得该州“杰出教育家奖”的人，也是唯一以学监身份获得“杰出奖”的教育工作者。他曾被伊利诺伊大学授予“卓越学者与实践家奖”，并获得了美国教职员发展委员会颁发的“杰出服务奖”。

杜富尔博士著有20本著作和90余篇学术论文，还制作了一些视频影片。他是美国实施专业学习共同体计划的领军人物，致力于与全世界的学区、政府部门以及专业机构协商推动学校进步。

罗伯特·J. 马扎诺博士是科罗拉多州丹佛市马扎诺资源公司（Marzano Resources）的联合创始人兼首席行政官。他是一位领先的教育研究专家、演说家和培训师，著有30余本著作和150篇文章，内容主要涉及教学、评价、标准的制定和实施、认知、有效的领导力以及学校干预等方面。其著作包括：《如何设计与教授学习目标与目的》（*Designing and Teaching*

Learning Goals and Objectives）、《有效的地区领导力》（*District Leadership That Works*）、《形成性评价与基于标准的分级》（*Formative Assessment and Standards-Based Grading*）、《论杰出的教学》（*On Excellence in Teaching*）和《教学艺术与科学》（*The Art and Science of Teaching*）。他将最新的研究和理论转化为课堂实践，他提出的教育策略在国际上广为人知，并被教师和管理人员广泛采用。

马扎诺博士在纽约州爱欧纳学院取得学士学位，在西雅图大学取得硕士学位，在华盛顿大学取得博士学位。

前 言

每位教育工作者都是学习的领导者

把领导力视为与实践相关的集体活动，而不仅仅是与个人有关的个体活动，这有助于我们利用学校已有的优势去应对所面临的问题和处境。

——托马斯·萨乔万尼（Thomas Sergiovanni）

每位教育工作者都有机会也有责任成为一个领导者。这是本书的前提，它与美国关于领导力的传统观念截然不同。

美国人倾向于把领导力视为一种与职位相关的个体活动。如果有人说，“带我去见你们的领导”，那么大多数人都会看向组织结构体系的顶端。此外，美国人通常认为领导能力是少数英雄所拥有的能力，这些英雄人物通过弥补我们的不足来拯救我们。

我们一次又一次地听到这样的故事：某个杰出企业家领袖把公司从破产的边缘拯救回来，比如杰克·韦尔奇（Jack Welch）；某个军事人物凭借自身的本领和魅力赢得胜利，比如乔治·巴顿（George Patton）；某个运动员通过个人的天赋和意志力反败为胜，比如迈克尔·乔丹（Michael Jordan）；某位校长单枪匹马扭转了学校的困境，比如电影《铁腕校长》（*Lean on Me*）中的乔·克拉克（Joe Clark）。领导者之所以能解决我们的问题，不仅因为他们有办法，还因为他们本身就是办法。

现在，是时候摘掉这些无所不能的个体领导者的神圣光环了。没有任何人能仅凭一己之力为组织带来彻底变革。两位毕生致力于领导力研究的研究人员这样说道：

> 在我们研究的数千个案例中，没有遇到一个不涉及集体参与和支持就能取得非凡成就的例子，也没有遇到一个有才华的领导者或者个体贡献者为组织成功做出了最大贡献的例子，更不要说做出全部的贡献了。这些年来，来自全球各行各业的领导者一直在告诉我们："一己之力难为之。"领导力不是一种个体行为，而是一种团队表现……获胜的策略只能基于"我们"而非"我"的观念。合作是一种社会需求。如果没有合作，人们就无法在组织中取得非凡成就。

优秀的领导者会认识到，他们很难凭借一己之力取得伟大成就，也会认识到领导力不是少数杰出人物或者身居要职的人所独有的。他们明白，领导力"在人群中广泛存在，每个有热情有决心改变现状的人都能拥有这种能力"。

在本书中，我们认为，没有任何个体具备所有的知识、技巧与才能来领导一个学区、推动学校进步或者满足课堂上所有孩子的需求。我们坚信，我们需要协同努力和普遍领导力来应对学校面临的挑战。我们强调的是，每个教育工作者都有潜力成为一个领导者。

我们应该将教师视为领导者。那些相信领导力来自组织金字塔尖地位的人可能会对这一前提感到困惑，但这一前提对本书至关重要。正如约翰·加德纳（John Gardner）所说："每个伟大的领导者都是一位教师，每个伟大的教师都是一位领导者。”里克曾开展过一次实验，将工作室的成员平均分成两组，两组成员分别就心目中最优秀的领导者和最优秀的教师进行思考，然后列出这些领导者或教师的品质和特点。意料之中的是，两组成员列出的内容基本相同，比如“激励人心”“信任他人”“鼓励别人挑战自己”“对工作有满腔热情”。

领导力归根结底是影响他人的能力。同所有领导者一样，教师很难凭借一己之力得到想要的结果。他们必须说服他人（通常是学生）采取能达到预期结果的方式。一项关于有效教学的纵向研究得出了这样的结论：

> 最优秀的教师向我们展现了卓越的教学就是“领导力”的展示……在每个高效的课堂上，我们发现教师就像优秀的领导者一样，围绕着一个伟大的成功目标把团队成员（学生和家长）紧紧团结在一起。我们还发现，有目的地进行规划并高效执行以确保学生实现目标的教师自身也在不断学习和进步。

库泽斯（James M. Kouzes）和波斯纳（Barry Z. Posner）曾就“谁对你的影响最大”这个问题调查了数千人，统计结果发现，教师的地位仅次于父母。二人总结道：“如果你的工作需要经常和年轻人打交道，比如你是父母、教师、教练或辅导员，请一定要把这句话谨记在心——有人现在正期待着你的领导。”因此，本书不仅讨论学区、校长和团队的领导力，还将论述教师如何与同事一起学习如何在课堂上实施最有前途的教学法，从而最有效地领导学生。虽然这是我们合著的第一本书，但我们对彼此仰慕已久。在帮助教育工作者推动学校进步的过程中，我们相伴而行。里克致力于把专业学习共同体融入学校生活，他借鉴了鲍勃关于有效教学和有效领导力的广泛研究，得出了这样的结论：一个有影响力的专业学习共同体是成就卓越教学和卓越领导的最优环境。因此，我们怀着满腔热情完成了这本书，并在书中阐述了优秀的领导者应该如何推动学区、学校及课堂不断进步。

在合作完成本书的过程中，我们从彼此身上获益良多。希望本书能为广大教育工作者提供一定的帮助。更重要的是，我们希望，不论你身居何位，都要抓住机会发挥领导力——激励他人有更大的梦想，不断学习，不断实践，成为更好的自己。

| 第一章 |

学校的进步即人的进步

当代美国教育工作者面临着美国公共教育有史以来最艰巨的挑战：把学校课程标准提升到历史最高水平，采用共同核心标准（common core standards）[①]。这些共同核心标准非常严格。此外，学校需要大幅度提高每位学生的学业水平来达到这些标准。当代美国教育工作者面临的任务之多、需要实现的目标之大，在美国教育界史无前例。

这些就是学校工作者需要面对的残酷现实：他们需要把学校课程标准提高到之前的教育工作者难以想象的水平；他们需要确保每个孩子都能接受这些新标准的教育，消除美国长期存在的成绩差距；他们还需要用日渐减少的教育资源来取得历史最高成就。

毫无疑问，他们肩负着一定的道德责任。每位教育工作者都面临着一个道德使命，那就是寻找最有效的策略来帮助所有学生取得更好的成绩。

① 共同核心标准相当于美国的教育大纲，它规定了美国K-12各年级学生在英语语言以及数学方面应达到的能力水平。——译者注

为什么教育改革难以取得预期的效果

推动学校改进的想法并不新鲜。20世纪美国教育的历史实质上是推动学校改革的历史。迈克尔·富兰（Michael Fullan）是美国教育改革史上最有思想深度的批评家之一。他指出，自改革启动以来，"美国逐渐落后于其他国家"，这一事实"告诉我们，那些策略并没有达到预期的效果"。

旨在改善美国教育的策略并非凭空产生。这些策略体现了有关教育问题及如何解决这些问题的某种假设。请看以下策略及它们的潜在假设：

- 我们需要创建更多的特许学校来与公立学校竞争，从而让教育工作者摆脱因自身的垄断地位而产生的懒散（尽管近期的一份报告得出结论："此次研究明确表明，从总体上看，特许学校的学生远不如传统公立学校的学生"）。
- 我们可以给家长提供教育补助券来帮助孩子转学，这样就能增加公立学校的压力（尽管有证据表明，"即使有机会离开劣等学校，也只有不到5%甚至不到1%的学生真正愿意转学"）。
- 我们可以创造37种不同的方式让学校在评估考察中不合格，这样教育工作者就能承担更多的责任（尽管每年有越来越多被认定为不合格的学校已经证明了这种策略是无效的）。
- 我们需要以学生的成绩为基础，通过绩效工资计划的形式为教师提供物质激励（尽管通过分析教师绩效工资的影响得出了以下结论：你不需要观察几十年的研究结果就能发现教师绩效工资的问题。有证据表明，绩效工资计划很少能持续超过5年的时间，而且它始终不能提高学生的成绩。教师绩效工资的逻辑表明，它不会达到预期的效果）。

这些策略背后潜在的假设是，教育工作者有能力帮助所有学生学习，但他们缺乏足够的动力来实现这一目标。如果这种假设是正确的，那么通过惩罚和激励的手段来增加教育工作者的动力可能是有效的。

然而，我们并不认为公立学校的问题是教育工作者的懈怠和对学生的漠不关心所造成的。真正的问题在于，在现有工作系统的结构和文化背景下，教育工作者缺乏一种集体能力（collective capacity）来促进所有学生提高成绩。

学校的进步指的是人的进步

大约37年前，一位在推进公共教育和教师培训领域极具影响力的人物——欧内斯特·博耶（Ernest Boyer）说道：

> 当你在谈论学校的进步时，你其实是在谈论人的进步。除非你指的是粉刷建筑物或修理地板，否则这是推动学校进步的唯一方法。但建筑物和地板等并不是学校，而只是一个空壳。学校与人有关，所以当我们谈论优秀、提高与进步时，我们实际上是在谈论那些建筑物里面的人。

近期的研究再次证实了博耶的观点。一项关于世界最佳学校系统的研究得出结论："教育系统的质量取决于教师质量。"学者对影响学生成绩的因素的研究结果进行两种不同的元分析①后发现，学生在课堂上接受的教学质量是影响学生成绩的最重要因素。这些研究还指出，同一所学校的教学质量存在很大差距。哈蒂（John Hattie）指出：

> 问题很简单——最重要的是教师在做什么。然而，这已经成为一种陈词滥调，以至于它掩盖了一个事实，即我们的教育

① 元分析是一种定量分析手段。它运用一些测量和统计分析技术总结和评价已有的研究。——译者注

> 体系中最大的差异来源与教师有关——教师在很多方面都不尽相同。需要补充的是，“有些”教师做什么很重要……现在流行的说法是，教师会改变现状……但同大部分简单的解决方案一样，这种说法并不完全正确……并非所有教师都能发挥自身的作用，并非所有教师都是专家，并非所有教师都能对学生产生强大的影响。

关于有效教学，哈蒂这样说道：

> 教学需要有意识的干预措施，以确保学生在认知层面上发生变化：因此，关键因素是对学习目的的认识、知道学生何时成功达到这些目的、在学生完成任务时能充分理解学生的见解、充分了解教学内容、以某种渐进的方式为学生提供有意义且有挑战性的教学实践。这需要一位经验丰富且知晓一系列学习策略的教师在必要时为学生答疑解惑。

除了这些教学技能，优秀教师还对学生的成绩有较高的期望。他们认为学生的学习能力不是一成不变的，他们会不断鼓励学生努力提高成绩。优秀教师会在课堂上打造一种温暖的社会情感氛围，让所有学生都参与其中，他们不仅允许学生犯错，还鼓励学生敢于犯错。优秀的教师还能用学生易于理解的表达方式阐述预期学习成果和成功标准，学生自己也能意识到他们正在接受高质量教育。

许多学生在成年以后依然记得这些优秀的教师，我们也对这些优秀的教师心存感激。但是，如果连那些最用心、最努力的教师都无法提供这样的课堂和教学时，后果将会如何？没有任何立法行为强制要求教师教得更好，约束和惩罚的威胁也不会让他们拥有卓越的技能。世界上最好的学校系统指出，“人无法给予自己没有的东西”。因此，这些学校系统将学校改进的重点放在创造条件以提高教育工作者的专业实践水平上。

如果推动学校进步的根本挑战是提高专业实践水平，那么必须用提高教育工作者能力的策略来代替以约束和惩罚为基础的策略。让我们看看以下三种现有策略：

1. 规定教师必须准确无误地以照本宣科的形式讲授必修课程。

在有些学校，尤其是表现不佳的学校中，以下策略的使用频率越来越高：试图把有效的教学实践转化为规定脚本，教师在讲授必修课程时必须忠实遵循这些脚本。如果有些教师的教学非常高效，难道不应该要求能力较差的教师模仿他们吗？认为教学可以简化为一个脚本、一个清单甚至一种特定方法的观点受到了高效教学领域的一些世界级权威人士的反驳，稍后我们将对此进行更多的讨论。但目前，我们认为这一策略既没有提高专业实践水平，也没有产生足够的效果支撑我们继续坚持它。

2. 招募更多有能力的人加入教育行业。

一些在国际评估中表现最好的国家从排名在前25%的毕业班中招聘教师，为他们提供高额的底薪，并给予他们崇高的职业地位。因此，有人建议美国采取类似的方法来推动学校改革。我们可以怀着满腔热情对此表示支持，但这解决不了学校眼下面临的挑战，原因如下：

第一，如果解决学校教育问题的答案仅仅在于那些能够在未来被吸引到该行业的人，那么我们还会有一批辍学率高、学业成就低的学生出现。

第二，如果不改变学校的结构和文化，在旧的环境里招募新人很可能改变的是人而不是环境。菲佛（Jeffrey Pfeffer）和萨顿（Robert I. Sutton）在他们对有效组织（effective organization）的研究中说道：“大量的研究表明，即使是最有才华的人也无法在一个有缺陷的体系里合格地完成工作，更不要说出色地完成工作了。”

“为美国而教”（Teach for America）项目就是一个例子。该项目招募了拥有“各种背景和职业兴趣的优秀应届大学毕业生，要求他们承诺在城市和乡村的公立学校任教两年时间”，并为他们提供“必要的培训和支持以确保他们在低收入社区也能成为成功的教师”。不幸的是，这种吸引成绩较好的学生去教学的努力并不成功。他们首次任职的平均任期少于承诺的两年时间，其中不到一半的人在第三年选择回到学校继续教学，只有约30%的人在这个行业工作超过四年。那些选择离开教学岗位的人表示，他们离开的一个主要原因就是工作环境。

要应对公共教育面临的挑战，不能寄希望于在一个无效的系统里招募更多优秀人才，而应该建立强有力的系统让普通人也能获得成功。在努力吸引合格人才进入教育领域的同时，必须齐心协力让这一行业更加令人满意。

第三，也是非常重要的一点，仅靠招募优秀人才进入教育领域不能造就卓越学校的原因在于，提高整个学校和学区的学生成绩需要集体努力，而不是一系列单独的个人努力。我们将在后续的章节中对此进行更多的论述。

3. 将改进工作的重点放在培养教育工作者的集体能力上，以应对他们所面临的挑战。

富兰认为，集体能力是对实质性学校改革至关重要的“突破性概念”，因为“集体能力让普通人也能取得杰出的成就”。这一策略的前提不是教育工作者对学生的学习漠不关心，也不是必须由新一代教育工作者取代他们，学生才能在更高的水平上学习。这种策略试图创造一种结构和文化，教育工作者通过这种结构和文化不断提高个人和集体的专业实践水平。基于建设集体能力的学校改进策略把教育工作者视为公共教育所面临的复杂问题的解决方案，而非这些问题的根源。

培养集体能力的承诺对学校教育工作者的专业学习提出了以下要求：

- 专业学习应是连贯可持续的，而非间歇性的。
- 专业学习应当与工作紧密结合，不能脱离工作、脱离学校。
- 专业学习的目标应当与学校和学区的目标一致，不能随意追求流行的话题。
- 专业学习应当注重改进成果，而非项目和活动形式。
- 专业学习应是一种集体的通力合作，而非独立的个人行为。

最重要的是，最有效的专业发展是专门为改善“学校和学校系统而设计，而不仅仅着眼于教育工作者个人水平的提高”。

为持续改进学校创造条件

现在让我们概述本书的假设：

- 学校的教育质量和学校教师的教学质量息息相关。
- 如果学生每天接受的教学质量是影响学生学习最重要的因素，那么学校要采用的策略必须能够使更多课堂产出更优秀的教学。
- 如果实质性的学校改进需要协调、系统和集体的努力，而不是一系列单独的个人努力，那么学校和学区必须采用具体分析的专业发展策略来提高教育工作者的集体能力，以满足学生的需求。基于约束、惩罚、吸引未来一代教育工作者及奖励教师的策略对于培养当前教育工作者的集体能力无济于事。
- 改进学校和学区的最佳策略是培养教育工作者的集体能力，让他们成为专业学习共同体的成员。这种概念基于一个前提，即如果学生想要提高学习水平，就必须有适当的程序来确保为他们服务的教育工作者接受过持续且与工作紧密结合的专业学习。

- 如果学校和学区愿意改变他们的一些传统做法，就可以利用现有的资源创造条件培养高效能的专业学习共同体。

专业学习共同体改进学校的潜力不仅被研究人员反复提及，也得到了支持教师和校长的专业机构的认可。越来越多的学者认识到，专业学习共同体有潜力以强大且积极的方式影响学生的成绩，这促使“专业学习共同体”这一术语成为全世界教育工作者的常用词汇。然而，虽然该术语的使用已经非常普遍，但其基础内容并未得到广泛应用，许多高度赞扬专业学习共同体的学校实际上根本没有按照专业学习共同体的要求来做。当人们没有深入理解某一流程及其规范时，便难以在任何组织内开展实质性操作。如果人们对必须做的事情仅有模糊或肤浅的理解，那便连实施行动的可能性都不具备。

一些教育工作者将专业学习共同体视为一种流程，或者仅仅是学校现有实践的补充，但它并不是一种流程。有人把专业学习共同体视为一场会议，“我们在周三上午9点到10点实施专业学习共同体，结束以后像往常一样回到工作中”，但它并不是一场会议。还有一些人把专业学习共同体等同于读书俱乐部，“我们读同一本书然后进行讨论”，但它并不是读书俱乐部。

专业学习共同体的概念表示“一个持续的过程（an ongoing process），在这一过程中，教育工作者在共同探究学习和行动研究的循环中通力合作，以便提高学生的成绩”。专业学习共同体不是一个可以购买的程序，而是一个永远在追求完美的过程。它不是现有结构和文化的附属物，而是深刻影响着结构和文化。它不是一场会议，而是“渗透到学校各个方面的精神理念”。专业学习共同体不要求教育工作者以传统方式努力工作，它号召所有教育工作者——每一位教师、辅导员、校长、学区教育局人员和学监——重新定义自身的角色和职责，然后做出改变。

专业学习共同体的三大驱动理念

我们倡导的专业学习共同体基于三大理念，每个理念对教育工作者都有重要意义。

第一大理念

第一大理念是，学校的根本目的是确保所有学生都能进行高水平学习。为了将这一理念付诸实践，教育工作者需要对以下事项有明确的认识：

- 我们想让学生学会什么？在相应的年级水平，通过学习某个课程、某个单元，学生必须获得哪些知识、技能及思想认识？我们设置了哪些体系来确保所有教师的学生都能接受切实可行的课程教学？
- 我们如何知道学生是否在学习？我们如何在独立的课堂上持续检测学生的理解情况？我们如何了解学生在团队里的能力水平？我们应当设立什么标准来评估学生的学习情况？我们又该如何确保评估标准的一致性？
- 当学生不学习时，我们该如何应对？我们可以采取哪些措施为学习困难的学生提供额外的时间和支持，使他们摆脱盲目和杂乱，并进行及时、直接、系统的学习？我们怎样才能给学生提供多次示范学习的机会？
- 对于达到精通水平的学生，我们该如何丰富并拓展他们的学习？在不依赖追踪跟进的情况下，我们如何因材施教，满足所有学生的需求？

必须指出的是，在专业学习共同体中强调学生的学习并没有降低教学的重要性。事实上，建立专业学习共同体的首要原因是我们要影响并改善教学。太多的学校都在进行教学改革，但根本未涉及教学课堂。专业学习共同体专门用来创造条件帮助教育工作者提高教学水平，因为卓越的教学与高水平的学习相辅相成。

第二大理念

第二大理念是，如果我们要帮助所有学生提高学习水平，就需要通力合作，共同努力满足所有学生的需求。为了将这一理念付诸实践：

- 教育工作者需要组成同舟共济的合作团队，团队成员相互依存并相互负责，努力实现共同目标。
- 日常协作需植根于学校的日常实践。
- 教育工作者需要明确合作的目的和重点，聚焦正确的工作内容。
- 学校和学区的领导者“相互问责”。他们要为教师和校长提供资源、培训和不间断的支持，以便成功创建专业学习共同体。

第三大理念

第三大理念是，教育工作者必须以结果为导向，知道学生是否在学习，从而对学生的需求做出合适的回应。他们必须努力找寻学生求知的证据，进而不断优化专业学习共同体过程。为了将这一理念付诸实践：

- 专业学习共同体的全体成员通力合作，共同实现SMART目标。其中，（1）“S”指“战略性”（Strategically），代表这些目标在战略上与学校和学区的目标相一致；（2）“M”指“可衡量的”（Measurable）；（3）“A”指“可实现的”（Attainable）；（4）“R”指“以结果为导向”（Results-oriented）（即应有学生提高学习水平的证据来证实目标的实现）；（5）“T”指“时效性”（Time-bound），代表这些目标的实现有时间限制。

- 专业学习共同体的全体成员通力合作，定期收集并分析学生学习的材料，以改善和提高自身专业实践水平及整个团队的集体实践水平。团队成员需要探究以下问题：我们当中谁在教授这项技能方面取得了优异的成绩？我们如何相互学习？我们的学生在哪些领域遇到的困难最多？为了解决学生遇到的困难，我们作为团队成员必须学习的内容是什么？
- 定期利用学生的学习数据来明确个体学生的特殊需求。学校不仅通过数据对全体学生的成绩进行总体观察，还应创建流程来根据评估结果对学生的需求做出回应。
- 学校的教育工作者基于对学生学习的影响来评估每一项政策、计划、程序和实践的有效性。

结　论

当整个北美洲的教育工作者都被充满挑战的环境所困扰时，他们应该记住亚伯拉罕·林肯（Abraham Lincoln）于1862年给美国国会的信中所写的话："平静的过往所使用的教条不适用于风雨交加的现在。形势严峻，我们必须顺势而起。由于我们面临的情况前所未见，所以我们必须重新思考，重新行动。"

后续章节将基于这一前提，即如果教育工作者顺势而起，迎接挑战，他们就需要重新思考，重新行动。让我们先来看看优秀的领导者如何在学区层面成功推进专业学习共同体。

| 第二章 |

如何更好地建设专业学习共同体

不出意外地，（在学生成绩明显提高的学区）实施多样化教学活动的重要影响之一是形成一种协作性、专业性兼备的学校文化。领导者明白，要想实现他们的教育目标，就需要培养协作性、专业性兼备的学校文化，也就是今天通常所说的“专业学习共同体”。

——艾伦·R. 奥登（Allan R. Odden），
莎拉·J. 阿奇博尔德（Sarah J. Archibald）

20世纪70年代末和80年代初，研究人员罗恩·埃德蒙兹（Ron Edmonds）、威尔伯·布鲁克诺夫（Wilbur Brookover）、迈克尔·路特（Michael Rutter）和拉里·拉索特（Larry Lezotte）开始质疑以前的研究结论。之前的研究认为，教育者对学生的学习影响很小或不产生影响。罗恩等人提供的证据表明，在帮助具有相同背景的学生进行高水平学习时，一些学校的措施比其他学校更有成效。通过研究，他们确定了“有效学校”（Effective Schools）的七个条件（最初是五个条件）。这项“有效学校”研究关注了学校的氛围、文化和教学实践，但是却忽略了学区层面的研究。

拉索特承认，最初他和同事认为学区领导对于建设有效学校“无关紧要”。他解释道：

> 当我们发现一所有效学校时，它可能是在一个多所院校并存的学区内。除了这所有效学校，该学区内的其他学校都不能被称为有效学校，但是它们却都由同一个学区教育委员会、学监和学区教育局管理。此外，我们认为教职工可以随时采取利于有效学校建设的措施。学校不需要外界提供特别帮助或支持，因为在已经发现的有效学校中，没有证据表明外界帮助或支持与学校的高效能有关。

然而，一段时间之后，他们发现，没有学区教育局的支持，学校无法长期保持其效能。校长和核心教职工通过艰苦努力，确实能够帮助学校提高学生成绩，但如果学区不能提供支持或同等的承诺促进有效学校实践，在核心校领导离开后，这种状态就无法长久，或将不复存在。

最近，有研究发现，学区领导者“对学生的成绩有很显著的影响”，并且对改进学校系统至关重要。此外，学区教育局的领导利用整个学校系统来支持提高学生在校成绩的策略已经变得更加明确。

指导有方，赋权得当

校本学校（site-based school）改进模式的前提是，如果教育工作者在其学校被赋予不受约束的自主权，他们的创新和创造力将蓬勃发展。如果教育工作者有发现学校问题的自由，有自主制定解决方案的权利，他们将带着不同往日的热情，拿出主人翁的态度和奉献的精神来应对挑战。

事实证明，这一前提无法成立。与受到严格监督的学校相比，拥有校本自主权的学校里的教育工作者并没有更多地参与教学重要事务。因为缺少学校间共享知识的过程，所以即使个别学校有所获益，这种做法也并未影响到其他学校系统。此外，承诺赋予每个学校自主权意味着个别学校可以随意忽视其他学校更有效做法的证据。如前所述，那些短期获益的学校无法将其转变为长期收益。

一项关于校本管理研究的综合分析发现，校本管理与学生成绩呈负相关，即“加强校本管理会导致学生成绩下降”。正如一条评论所说，由于校本管理实施不力，这“对公共教育以及公平、卓越的教育理念造成了很大的危害”。

事实证明，学区教育局自上而下下达指令，推动改进措施，这在提高学生成绩方面并没有成效。这种方法未能“建立主人翁意识、责任感，甚至并未明确改革的性质”。而且，校长和教师惯于忽视上层指令，如往常一样继续闭门造车。

为了解决自下而上与自上而下的困境，优秀的学区领导者采用的理念是“明确自主权”或“宽严并济的领导权”。在这些地区，学监与教育委员会、其他教育局行政人员和校长共同合作，为全区、各学校、学生小组阐明学生成绩提升目标，这些目标清晰明确，不可自由更改。为了实现目标，这些地区还建立了一个研究型共同战略框架。

阐明基本目标的意愿、实现这些目标的策略，以及用于监测目标进展的指标，这些对实现学区内的有效领导至关重要。一项针对全球高效学校系统的研究称，在每个研究案例中，优秀的领导者为了改进学校系统，采取的第一项措施都是“明确什么事情不可协商”。尽管他们愿意在改进学校系统的具体事项上做出妥协，但他们会保持谨慎，确保“几乎或从不在执行方面妥协”。

在工作有成效的学区内，各个学校的教育工作者在规定的范围内享有一定的自由，并且各个学校的独特性得以保留。不过，学区领导制定了“区内学校共同工作框架”，作为“维系学区的黏合剂”。学监希望校长担起带领学校走向成功的重任，赋予校长灵活处事的权利，但也期望校长“在学区目标规定的范围内进行领导”。

一个典型的例子是费尔法克斯县公立学校学区（Fairfax County Public Schools），这是弗吉尼亚州最大的学区，拥有超过275所学校。教育委员会的政策规定，实现学区大目标采取的主要战略是将每所学校作为一个专业学习共同体来运作。但一段时间后，一个很明显的结果是，仅仅在政策上认可创建专业学习共同体，并不等于提供了影响学校实践的具体解决方案和明确指示。因此，学区教育局领导团队与校长代表小组合作，将每所学校预期的专业学习共同体的具体实践确定下来，这些实践与提高学生学习成绩直接相关。双方讨论之后，制定了《费尔法克斯县专业学习共同体共同愿景的基本要素》，部分内容见表2.1。

费尔法克斯县的愿景文件指出，尽管每个学校需要确保这些基本要素到位，但由于实现途径多样，所以学校在实际教学中有灵活空间。例如，学区要求每所学校发展高效协作团队，但学校组织教师团队的方式多种多样——可以按课程、按年级、按系别、跨学科、纵向、与其他学校合作或通过电子设备组织团队。学校有权决定组织教师团队的方式，但无权随意允许教师单独工作。

表2.1 费尔法克斯县专业学习共同体共同愿景的基本要素（节选）

第一部分 高水平学习是根本目的
我们认为，所有学校的根本目的是帮助所有学生实现高水平学习，因此，我们愿意根据共同工作对学习的影响来检验教育实践活动。共同体工作的重点包括以下内容： •学校将根据州立标准和费尔法克斯县公立学校学习计划（FCPS Program of Studies）构建集体知识，明确所有学生在每个单元的教学中必须学到并且能够做到的内容。 •学校将发展并部署周期性的团队开发共同评估，监测每个学生在所有基本知识方面的学习情况。这些评估将与州和地区规定的测试保持一致。 •学校将在正常教学日和学年中，专门安排时间实施干预/强化措施。 •学校将根据经过检验的工作建立强制干预系统，保证每个学生得到额外的学习时间和学习支持，直到学生的学习水平符合既定标准。
第二部分 通过高效团队建立协作文化
我们将通力合作，实现我们为所有学生制定的集体学习目标。我们将通过高效团队来培养协作文化。共同体工作的重点包括以下内容： •学校将确保协作团队在合同期间的每天、每年都定期开会。 •学校将以协作团队的形式相互共享，从而明确学生必须学习的内容，收集学生学习情况进行分析，确定最有效的教学策略或最佳做法，并在所有团队成员中进行推广。 •学校将确保协作团队适时地制定、实行统一的政策和流程，确保学校有适当统一的授课内容、顺序、速度、评分和其他教育元素。 •作为战略规划过程的一部分，学校将确保协作团队相辅相成、通力合作，制定并努力实现共同的SMART目标。

（续表）

<table>
<tr><th>第三部分　关注结果</th></tr>
<tr><td>评估有效性时，我们以结果而非目标为导向。个人、团队和学校搜集相关数据和信息，并据此不断改进。共同体工作的重点包括以下内容：
•学校将分析共同评估得出的数据，确定哪些学生需要额外学习时间和学习帮助，发现个人教学和集体教学中的优势和劣势，衡量团队为实现共同目标取得的进展。
•学校将采用研究型方法，如包括“计划（Plan）、执行（Do）、学习（Study）、反应（Act）”的PDSA模式，基于数据信息开展教学，以此来提高教师或团队的效率，确保我们在竭尽全力缩小全体学生成绩差距时，所有学生能从中学有所得、学有所获、学有所长。</td></tr>
</table>

具体化的必要性

即使有些学区希望实施专业学习共同体建设，但领导者常常不清楚如何让教育工作者具体参与学校工作。各学区总是泛泛而谈（“我们希望所有学校都把重点放在教学上”），而不是明确指出他们希望学校采取的可行措施，以及学校应给出怎样的反馈证明已经采取这些措施。战略愿景与愿景实现的具体细节之间存在距离。

费尔法克斯学区领导者的做法解决了这个问题。他们避免使用深奥的哲学概念或者空泛的高谈阔论。相反，他们详细阐述了将在每所学校实施的非常具体的做法和流程。学区明确了所有学生的具体学习目标，建立流程确保每所学校制定的学生成绩目标与学区目标一致。虽然学校在决定如何满足学区的期望方面有相当大的自主权，但学区会在过程中起到指导作用。

富兰曾表示，领导者“可以强硬一点”。我们认为，这不仅可以，而且很有必要。优秀的学区领导将在整个组织中形成共享知识，回答关于项目改进的问题，组建指导小组来为该项目保驾护航。有时候，他们会直接明确地说明预期目标，以及期望在每所学校看到的一些关键指标，因为在“明确自主权”的理念下，领导者需要明确该区在哪方面需要“严格”执行。

里克在某些学区工作时经常要求教育局员工和学校校长列出所有共同体成员都必须“严格执行”的三件事——也就是每个学校都必须遵守的、不可自由支配的优先事项。学监会惊讶地发现，大多数人员给不出答案。当优先事项出现混乱时，该区就无法享受到明确自治带来的好处。教育局领导者不仅必须厘清这些优先事项，而且应该保持高度谨慎，监测整个地区对这些优先事项的理解和执行程度。

创造共同的工作语言

创造一种共同的、被广泛理解的语言是任何实质性变化过程中的一个重要元素。优秀学区注重形成共同的工作词汇，并就这些词汇形成共同理解。虽然这听起来相对简单，但许多地区仅仅停留在“术语使用”这一层面，而没有就术语背后的“具体行动含义”形成共识。在一些学区，教育工作者经常使用一些术语，但对这些术语的含义没有形成明确或一致的理解，如“差异化教学”（differentiated instruction）、“干预反应”（response to intervention）、“形成性评价”（formative assessment）和“专业学习共同体”（professional learning communities）。

构建共同语言的领导者不会满足于肤浅地使用术语。他们会深入研究，以确保理解每个术语的含义。举例说明，请想象一位校长和学监进行如下对话：

校长：“你说你希望所有学校都把重点放在学生的学习上。但这到底是什么意思？怎么才算专注于学习？”

学监：“有一些可以证明学校在专注于学习的指标。例如，学校老师组成协作团队，确保为学生提供明确且可行的课程。学校可以提供证据证明，通过在课堂上使用现有的形成性评价，并经常使用由团队开发的共同形成性评价，每个学生的学习情况都处于持续监控中。每个团队都能证明团队成员明确了评判学生作业质量的标准，并在评估学生作业时建立了评分者信度。学校会制订干预计划，及时为那些需要额外学习时间和学习帮助的学生提供精准、系统的指导。对于已经熟练掌握知识的学生，学校会制定一项协调策略来强化并拓展他们的学习。协作团队成员会利用学生的学习结果来了解并改善个人和集体的专业实践，并努力实现SMART目标。这些都是我们在一所注重学习的学校里能看到的要素。”

这个回答富有远见，而且相对凝练，但如果校长和学监对“协作团队”“明确且可行的课程”“形成性评价”“共同评估”“评分者信度”“干预”“指导”“系统”“强化”“熟练掌握”“集体专业实践”和“SMART目标”等术语缺乏共同理解，那么这个回答对校长毫无用处。在这段对话中，至少有十几个术语和短语让人费解，没有做到一目了然。此外，教育工作者倾向于假装理解，围绕问题迂回讨论，而不承认没有理解概念。

研究已经充分证明，学生对关键术语词汇的理解和其学术成就之间存在相关性。事实上，向学生讲解他们在未来学习中会遇到的重要术语，这对其成功影响极大，“直接词汇教学法行之有效”。教授基本词汇最有效的策略之一是：制定对学生学业成功至关重要的词汇表，描述、解释词汇并提供示例，让学生参与对词汇的讨论。

该策略同样适用于尝试建设专业学习共同体的领导者。学区领导想要成功创造一种共同语言，就应该确定所有组织成员为了向前发展必须理解的关键术语，通过描述、解释和示例直接教授这些术语，让成员参与术语的讨论，并定期评估成员对这些术语的理解水平。

表2.2提供了一些专业学习共同体的关键术语示例。如果所有组织成员能对这些术语达成共同理解，他们将更有可能成功实施专业学习共同体。

表2.2　实施专业学习共同体项目中的关键术语

专业学习共同体
明确自主权
协作团队
明确且可行的课程
基本知识
平衡评估
共同评估
形成性评价
绩效评估
评分者信度
系统性干预
SMART目标
宽严并济的文化
激励团队工作的四个关键问题
专业学习共同体的三大理念
集体探究
行动研究

提供培训，监测过程

建设专业学习共同体往往需要集体努力，但集体努力能否实现很大程度上取决于校长的领导能力。一位优秀的校长可以“对学生的整体成绩产生巨大的影响”，校长在创造条件方面的作用至关重要，他们创造的一些条件能决定专业学习共同体项目未来会成功还是夭折。正如罗伯特·埃文斯（Robert Evans）所述：

> 校长往往被视为创新不可或缺的要素。任何改革措施，无论多有价值，如果校长无动于衷或持反对意见，就无法推行。当校长需要负责他们未能真正理解或完全赞同的项目时，就可能感到很矛盾。学区教育局必须记住，给校长留出时间来解决与改变有关的问题很重要。

如果学监想要成功地在全区所有学校实施专业学习共同体项目，就必须建立有效机制，培养校长具备领导该项目的个人能力和集体合作能力。同一学区的不同校长将学校转变为专业学习共同体的能力，以及集中精力应对这一挑战的意愿可能存在很大差异。优秀的学监通过明确对校长的期望，向其提供长期培训和帮助，从而“减少学区内各学校领导能力的差异性”。

以下是一些有效措施，可以为校长建设专业学习共同体提供帮助：

- 学监通过以下措施帮助校长深入了解专业学习共同体的创建过程：提供初步培训；让他们参观已经成功建成高效专业学习共同体的学校；引导他们阅读有关该项目的书和文章；让校长针对自身疑问和关注的问题进行双向对话。培养校长对专业学习共同体的领导能力的第一步是让他们深入了解项目以及实施项目对他们的要求。
- 如前所述，学监应明确期望校长在学校创造的具体条件，并制定专业学习共同体基本术语通用词汇表。

- 学监应将学区校长会议转变为一种解决项目挑战的协作性、集体性工作。通过会议，学监让校长进行预演和角色扮演，明确他们回到各自学校后需要做什么。例如，在要求学校建立SMART目标之前，应召开校长会议专门向校长阐明SMART目标的基本原理；收集可以用来帮助团队完成这项任务的工具、模板和资源；如有团队不愿建立SMART目标，学监应预先与其进行一次重要谈话。
- 学监应监督实施过程，要求校长在公共论坛上说明他们为推动专业学习共同体建设采取的措施，帮助校长发现并解决各自学校面临的挑战。每位校长都需要向同行校长和学区教育局提供证据，说明如何处理预计所有学校都会遇到的问题。例如，每位校长都需要说明教师如何组建团队、如何进行团队协作、校长如何监督团队工作、团队如何使用共同形成性评价，以及学校如何建立系统干预和强化学习。校长需要证明其团队在诸如制定标准、建立保障课程、发展共同评估等任务中的工作效率。
- 学监应创建一套方案，让校长向同行和学区教育局提交学生的成绩综合分析报告。校长还应与其他校长合作，借鉴彼此成功的经验，帮助解决彼此的困难。如果这个流程实施顺利，那么它既能施加压力，又能提供支持，而压力和支持都能培养校长的能力。这个流程通过利用向同行展示的微妙压力，通过让学生的学习变得透明化，来帮助培养合作精神、集体责任感、结果导向意识和问责文化。而且，非常重要的是，它是提高校长领导专业学习共同体效率的有力工具，因为它提高了校长的自我效能感（self-efficacy）。

这些措施之所以有效，关键在于它们旨在帮助校长改进他们的专业实践，而不是用来对校长进行排名或评级。无论学区内有5所还是50所小学，如果以国家考试成绩为标准进行比较，总会有第一名和最后一名，这种结果不可避免。但是，学区和学校可以将这些信息作为提高成绩的长远过程的一个阶段。在这些措施中，学区内表现最差的学校某一年可能是学生成绩进步最大的学校，而学区内最优秀的学校可能会因为学生成绩连续三年下降引起关注。

我们在第一章中提到的相互问责原则也适用于此。学监必须让校长对专业学习共同体建设负责，但他们也必须对校长负责，为校长提供培训和支持，帮助他们取得成功。学监要假设校长愿意成为高效的领导者，而低效的校长只需要额外培训和更有针对性的帮助就可以成为高效领导者。学区领导者应将项目挑战视为能力建设的挑战，他们应将重点放在这种持续性、嵌入式、校长间的合作性学习，而不是仅仅依赖于外部培训。

然而，如果随着时间的推移，校长明显不愿意或没有能力去领导，那么，优秀的学区领导会将该校长免职。所有人都明白，在这些优秀学区，校长必须有能力带领学校不断进步。校长对学校的教育质量至关重要，所以不能容忍软弱和无效的领导。

专注于优先项目

学校改进的最大障碍之一是学区教育局推行的项目数量难以管理，以及这些项目之间完全缺乏一致性。在很多学区，“只要监督，就能完成”这句格言被误解为“我们监督的项目越多，完成的就越多”。因此，整个北美的教育工作者正在遭受道格·李维斯所说的“项目疲劳”：他们正在努力处理大量零散的、不相关的短期项目，这些项目消耗了他们的精力。

优秀的学区会确定几项关键优先任务，然后坚持不懈地完成目标。他们把专业学习共同体建设作为学校改进的一项策略，而不是15个不同项目的其中一项。诚然，专业学习共同体建设包含多个要素——组建教师协作团队、建立明确且可行的课程、创建共同的形成性评价、分析学生学习情况、创建干预和强化系统，但这些要素都属于学校一致性战略。优秀的学监强调一致性，而不是把这些关键要素看成互不相关的任务，他们会保证学校不被其他改进项目影响。

在全区范围内发展学校成为专业学习共同体，不仅需要各方协调，而且需要长时间的持续努力。那些学生成绩得到提高的学区表示，“耐心和持续不断的努力对改进教育至关重要”，学监最好“花十倍的精力来巩固刚刚完成的改变，而不是马上摸索下一步对什么进行大刀阔斧的改变”。

道格·李维斯充分证明了持续关注有限的目标和学生成绩提高之间的联系。在对美国和加拿大2000多所学校150万名学生进行研究后，他得出结论：

- “持续专注是学校进步的前提。”
- 当用因子分析法评估15种不同行为的相对重要性时，持续专注与学生成绩的关联性最强。
- 当持续专注、有效监督以及组织成员效能感相结合时，无论学生和学校的结构如何，都会产生“惊人的积极结果”。
- “如果缺乏持续关注，最好的领导理念也会付诸东流，最理想的计划也会功亏一篑，最具自我牺牲精神的领导者也会铩羽而归。最糟糕的是，如果没有教育领导者的持续关注，教师和学生就会失败。”

学区领导者必须展现出纪律性，将所有精力集中于在每所学校建立专业学习共同体这一挑战性任务上，协调教育局所有力量来支持这项任务，在几年内暂停新项目，允许每所学校的教职工在推进该项目时有一定的灵活空间。而且非常重要的是，让他们在若干年中都保持对这一重点工作的责任感。将传统学校转变为专业学习共同体不需要同时采取多种措施，但是需要坚定的决心、巨大的热情和不懈的坚持。

有效传达目标与优先事项

马库斯·白金汉（Marcus Buckingham）总结道，领导者必须谨记，清晰明了的沟通非常重要。即使学监制定了有限的目标和优先事项，如果不能有效地将这些目标和优先事项传达给所有教育工作者，将区内学校建设为专业学习共同体的目标仍然无法完成。

优秀的学监明白持续沟通的重要性。仅仅在新学年开始时发表“学区现状”的演讲远远不够。仅仅陈述学区发展的新方向，无论陈述得多么有吸引力，都无法达到高效沟通的标准，因为“实施过程中的沟通远比实施前的沟通重要”。优秀的学监力求信息简单明了、前后一致。他们坚持自身的实际行动与所声称的优先事项保持一致。他们确保当地教育委员会与学区的目标和优先事项保持一致并给予支持，他们要求学区领导者在什么事项需要“严格”的问题上保持一致，因为领导之间的团结一致是成功实施教育改进的关键因素。

有效沟通必须从两个方面进行。从专业学习共同体改革研究中得出的一致经验是，保持沟通渠道畅通非常重要，“沟通渠道如同新思想的静脉和动脉”。优秀的学区领导与各方参与者保持沟通。他们渴望发起对话，制定正式和非正式的策略来征求他人的意见。他们渴望得到反馈，以随时做出调整和改正。例如，下图内容改编自理查德·杜富尔、杜富尔夫人（Rebecca

DuFour）和埃克的版本，图中列出了一些很好的问题，很容易就能转化为调查表，来帮助学区教育局收集来自校长和教师的真实反馈。

学区教育局检验工作成效的调查问题

我们学区建立了什么系统来确保每个学校的优先事项都得到解决？

· 我们是否拥有明确学生必须学习什么的系统？

· 我们是否拥有监测学生学习的系统？

· 当学生遇到困难时，我们有应对系统吗？

· 对于熟练掌握知识的学生，我们是否有强化和扩展学习的系统？

· 我们是否有监督和支持团队的系统？

· 我们是否有及时为每位教师和团队提供持续改进所需信息的系统？

· 我们是否有培养校长领导专业学习共同体能力的系统？

我们在学区内监测什么？

· 我们如何监测学生的学习情况？

· 我们如何监督协作团队的工作和效率？

· 我们如何监督学校管理人员的工作及效率？

· 我们如何监测每所学校在建设专业学习共同体过程中的进展？

· 我们如何监督学区教育局的工作和效率？

· 我们如何监督教育委员会的工作和效率？

我们在学区内提出什么问题?

· 我们要求领导者通过集体探究来解决哪些问题?

· 哪些问题驱动着组织中个人和团队的工作?

· 哪些问题推动着行政会议的工作?

· 哪些问题推动着教育委员会的工作?

我们如何在学区内分配资源(时间、金钱、人力)?

· 我们如何为学生提供学习干预和强化的时间?

· 我们如何为协作团队提供时间来参与集体探究?

· 我们是否最有效地利用了财政和人力资源?

· 我们应该停止哪些对目标无助益的高投入/低回报的活动?

我们在学区内提倡什么?

· 我们采取什么流程来帮助鉴别正在进步的学校和团队?

· 我们如何判断是否取得进步,如何鼓励进步?

· 谁是我们学区的榜样人物?

我们愿意直面解决学区内的哪些问题?

· 我们是否认识到,规避与学区目标和优先事项不一致的行为对我们的可信度至关重要?

· 我们是否意识到,直面困难也是沟通系统的关键问题?

· 我们是否愿意解决校长或教职工继续抵制该项目的问题?

我们在学区内采取什么模式?

· 有什么证据证明学区教育局致力并专注于为所有学生提供高水平学习?

· 有什么证据表明我们在工作中是相互协作的?

· 学区教育局的人员是如何收集和利用工作成果数据来传达和改进自身实践的?

· 我们是否已将学区实践与优先事项结合起来，并愿意改变与优先事项无关的做法?

结　论

在一个学区内，区教育局的领导非常重要——无论是在提高学生成绩方面，还是在创造条件推动教师持续进步方面。缺少教育局的有效领导，专业学习共同体建设就无法深入到全区各个学校中。幸运的是，教育局领导的重要性已经变得愈加明确，其特点是既施加压力又提供支持，正如路易斯（Karen Seashore Louis）和他的同事所总结的：

> 总而言之，分析表明，除非学区制定明确的改进目标，否则如果只把精力放在学校领导者的专业发展上，这对提高效能和学生成绩产生的影响有限。另一方面，仅仅设定目标、有实现目标的愿景，也不太可能提高学生成绩，除非在实施过程中

推进校长领导力的培养与发展。

想要在学区内实现有效领导，关键是学区与优秀校长建立强有力的伙伴关系。在下一章中，我们将讨论校长在专业学习共同体中的角色。

| 第三章 |

学校领导者在专业学习共同体建设中的角色

可以说，校长是影响学校教师专业共同体成效的最重要角色。不论有意与否，校长都是学校文化的缔造者。

——米尔布雷·麦克劳克林（Milbrey McLaughlin），琼·塔尔伯特（Joan Talbert）

在第一章中，我们明确了学校改革的必要性，为专业学习共同体建设提供了理论依据——它能够推动实现迄今为止K-12学区领导者未能实现的教育提升。从根本上来说，学校改革的本质是人的改变，专业学习共同体正是达成这一目标的必要条件。在第二章中，我们阐明了学区教育局如何在学区中为此做出贡献。本章将探讨校长在运用专业学习共同体培养变革能力方面的作用。首先我们来简要讨论一下有关学校领导力的研究。

学校领导者对学生成绩的影响

目前，关于学校领导力对创造高效学校教育重要性的研究正急剧增加。

但就在不久之前，一些教育研究者、理论家还认为校长领导力几乎不与学生学业成绩挂钩。例如，在1986—1996年的37项元分析研究中，威兹尔斯（Bob Witziers）、博斯克（Roel J. Bosker）和克鲁格（Meta L. Kruger）声称校长领导力与学生学业成绩并不存在相关性。他们推断校长领导力的好坏与学生学习几乎没有任何关系，为了强调这一观点，他们将报告题目定为《教育领导力与学生学业成绩：难以找到的联系》。

然而，就这一点而言，其他研究人员得出了完全不同的结论，有一些研究指出威兹尔斯和同事的调查结果或许不适用于美国。例如，马扎诺等人指出，威兹尔斯分析了多个国家研究中的平均相关值，进而估算出领导力和学生学业成绩之间的整体关系，但许多国家的学校管理结构与美国K-12学校结构大不相同。如果仅从威兹尔斯的综合报告中考虑那些聚焦美国学校的研究，校长领导力与学生学业成绩之间有相当强的相关性。

马扎诺等人在1978—2001年进行的69项综合分析发现，在美国，教育主题研究中的平均相关值表明校长领导力与学生学业成绩呈正相关。同时，其他研究也得出类似的结论。

简而言之，我们可以通过研究得出合理的结论：校长领导能力越强，学生学习能力越强。换言之，这些研究证实了数十年来实践者已知的观点：强大的校长领导力对学生学业成绩有积极影响。

目前，美国K-12教育系统普遍认为校长领导力与学生学业成绩存在重要联系，但人们认识到这一联系是间接的而非直接的。校长的行为、举措不会直接影响学生学习，因为校长一般不直接指导学生。但是，教师的行为、举措会直接影响学生的学业成绩，因为教师要给予学生指导。因此，校长行为与学生学业成绩之间的关系如图3.1所示。

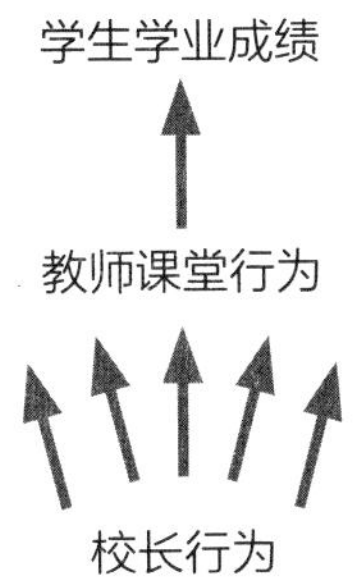

图3.1　校长行为与学生学业成绩之间的关系

图3.1表明，校长对学生学业成绩的影响通过教师传递。换句话说，校长影响教师，教师又影响学生学业成绩。图3.1中一个需要注意的地方是，校长行为与教师课堂行为之间绘有多条影响线。这是因为校长无法直接、具体地与教师互动来影响他们的课堂行为。马扎诺、沃特斯（Timothy Waters）和麦克纳尔蒂（Brian A. McNulty）区分了21项不同的校长职责——这21项职责被认为对教师工作具有积极影响。这份多维度、不同职责的清单强调了用心良苦的校长在努力成为优秀学校领导人时所面临的两个根本性制约因素：第一，任何手段都不能直接影响教师独立的课堂行为；第二，没有一个人具备足够的知识、技能或精力来同时履行21项职责。下面让我们谈谈妨碍校长领导力有效发挥的两大因素。

传统的独立型教师 VS. 专业学习共同体

传统的学校结构以及授课安排使校长几乎不可能对教师产生直接影响，因为传统学校在独立教室里培养出了独立型教师。粗略地回顾K–12教育研究，可以发现存在教师独立这一文化。约翰·古德莱得（John Goodlad）在美国学校教育的综合研究中发现，教师们独立工作，很少有兴趣与他人分析、探讨或完善自己的教学内容和方法。利伯曼（Ann Lieberman）和罗森霍尔茨（Susan Rosenholtz）认为，“在大多数学校里，教师独立都很常见，这并不能促进教师个人成长与学校进步”。全美教学与美国未来委员会（the National Commission on Teaching and America’s Future）的一项研究将独立教室中的独立式教学描述为妨碍学校改进的最持久常态。罗兰·巴斯（Roland Barth）指出，除了35分钟的午餐时间之外，即使拥有相同的授课时间和授课教材的教师之间也很少沟通。需要说明的是，在这段午餐时间内，非正式社会准则通常禁止任何专业相关的交流。埃尔莫尔（Richard F. Elmore）下面这段话总结了30多年来的常见结论，他写道：

> 学校的工作安排与改进做法基本不兼容。教师大部分时间都在单独的教室里独立工作……学校安排的问题在于，它很少为教师提供机会来让他们在现实的工作环境中持续不断地了解自身工作……教学研究的要求与教师的工作结构之间的脱节对于任何持续性的教学改进过程都是致命的。

如今，教师与同事、校长之间相对独立的传统仍然在许多学校中盛行。华莱士基金会（Wallace Foundation）委托进行的一项研究认为：

> 我们的证据表明，许多教师仍是偏向“独处”的。这些教师通常认为校长没有必要出现在他们的教室里，他们的出现会让人困扰……对于大多数中学教师来说，保持现状意味着不与校长（或其他任何人）就改进教学的方法进行直接、频繁的联系，这样反而更好一些。

传统学校文化使校长难以影响教师的实际教学。倘若一所拥有50名任课教师的学校在结构上让教师们独立工作，当校长努力履行他对每个教师的众多责任时必然会发现，为50名不同的教师服务简直是天方夜谭。因此，校长要么积极寻找办法与教师进行互动，产生影响，要么只能退而求其次，做一个管理者，而不是领导者。

相比之下，专业学习共同体是一种团队协作结构，是专门通过变革学校传统教育实践来改变校长与教师之间的互动方式的。目前，K-5学区的校长能与6个团队密切合作，而不是与30位个体合作。一所大规模的中学校长可以直接影响20位团队领导人，而不是间接影响150名独立教师。总之，专业学习共同体为校长和教师之间的互动提供了有效手段。

以专业学习共同体的团队协作结构为背景，我们可以将校长行为和学生学业成绩之间的关系描述为图3.2所示。

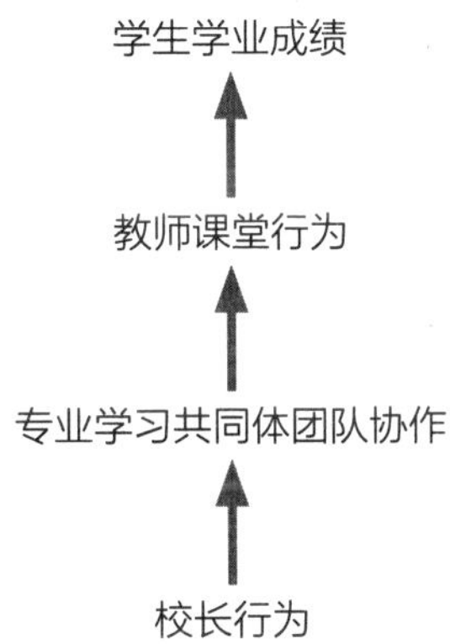

图3.2　校长行为、学生学业成绩与专业学习共同体团队协作之间的关系

如图3.2所示，校长直接影响专业学习共同体团队，团队又直接影响着课堂上发生的事情。本书的一个基本宗旨是，专业学习共同体提供了一个方法，可以使校长全面、集中地执行学校领导力的多项职责。我们可以将专业学习共同体团队协作看作一种策略，在此策略中，马扎诺、沃特斯和麦克纳尔蒂确定的21项校长职责中的19项职责都能够得到履行：

1. 对员工的努力和成绩给予肯定和表扬
2. 作为变革推动者挑战现状
3. 制定确保学校内部有效沟通的流程
4. 塑造学校文化的愿景、信念、期望与习惯
5. 在满足团队的不同需求方面表现出灵活性，愿意适度修订学校程序
6. 聚焦于明确的目标，不懈追求学校宗旨，专注于学校的优先事项
7. 明确推进学校日常工作的理想和信念
8. 就流程的设计与政策的执行征求员工的意见
9. 让员工持续参与关于提高学生学习成绩最有效方法的讨论
10. 参与课程、教学、考核的设计与实施
11. 对课程、教学和考核表达关注和看法
12. 创建流程，不断监测学校改革对学生学习的影响
13. 创造条件，优化学校改进工作
14. 制定清楚明晰的规章，有序开展日常工作
15. 担任学校和员工的发言人、拥护者
16. 与每位员工建立良好的工作关系
17. 为教师提供资源、资料和支持，帮助他们顺利完成所承担的工作
18. 觉察学校非正式组织的暗流，利用这些信息主动处理问题、化解忧虑
19. 在校期间积极工作，主动与员工、学生互动

在马扎诺、沃特斯和麦克纳尔蒂提出的21项职责里，只有两项职责与团队协作没有根本联系。这两项职责聚焦校长与特定个体的互动，其他19项职责在团队协作过程中十分容易实现，并且可以自然融入团队协作过程中。表3.1阐明了校长职责和团队协作结构之间的融合。

表3.1 领导职责与专业学习共同体的融合

校长职责	在专业学习共同体团队协作中的应用
1. 对员工的努力和成绩给予肯定和表扬	利用各协作团队的目标，承认并赞赏为实现这些目标所取得的进展，查明并克服在实现目标道路上遇到的障碍
2. 作为变革推动者挑战现状	协助各团队执行持续的改进
3. 制定确保学校内部有效沟通的流程	确保各协作团队明确了解优先事项，并能够在专业学习共同体会议上或其他时间与校长交流
4. 塑造学校文化的愿景、信念、期望与习惯	在共享愿景与承诺的基础上，创造促进合作与集体合力的条件
5. 在满足团队的不同需求方面表现出灵活性，愿意适度修订学校程序	了解个别团队所需的最合适、最有效的指导和帮助类型，并实施必要行动
6. 聚焦于明确的目标，不懈追求学校宗旨，专注于学校的优先事项	保证每个协作团队已经确定并且正在朝一个清晰的SMART目标推进，而这些目标只有成员相互协作才能实现
7. 明确推进学校日常工作的理想和信念	将三个强有力的重要理念融入到团队协作的过程中
8. 就过程的设计与政策的执行征求员工的意见	授权团队做出对学生学习质量有直接影响的重大决策，并定期就全校决策向小组征求意见
9. 让员工持续参与关于提高学生学习成绩最有效方法的讨论	将有关研究分享给团队，使其参与到对学生学习有直接影响的教学策略的共同讨论中
10. 参与课程、教学、考核的设计与实施	明确团队工作，监督工作，并且就学习的四个关键问题与团队成员交换意见
11. 对课程、教学和考核表达关注和看法	团队可随时获取课程、教学和考核中具有前景的实践信息，并在团队成员运用这些知识时共同学习

（续表）

校长职责	在专业学习共同体团队协作中的应用
12. 创建流程，不断监测学校改革对学生学习的影响	监测协作团队的相关举措对个人和整体在学生学业成绩、参与度、认知度方面的影响，并为团队进度监控提供途径
13. 创造条件，优化学校改进工作	利用学生学习成果和良性同伴压力来激励教师探索新的实践行为
14. 制定清楚明晰的规章，有序开展日常工作	为协作团队的工作制定清晰的期望条款
15. 担任学校的发言人和拥护者，并将员工与外部资源联系起来	做到团队与校外资源、理念和援助的有机整合
16. 与每位员工建立良好的工作关系	利用协作团队方案加强与教师的对接，更加熟悉个别教师及他们关注的问题
17. 为教师提供资源、资料和支持，帮助他们顺利完成所承担的工作	确保各协作团队拥有所需的时间、材料、信息和支持，从而高效地开展工作
18. 觉察学校非正式组织的暗流，利用这些信息主动处理问题、化解忧虑	与团队领导不断地沟通，认识到目前或将来可能影响学校运作的问题
19. 在校期间积极工作，主动与员工、学生互动	至少每季度与各团队会面一次，积极参与讨论他们关心的问题

团队协作是培养共享领导力的催化剂

校长从专业学习共同体团队协作中受益的第二种途径是，团队协作结构为共享领导力创造了条件。如前所述，没有一个人具备全部的知识、技能、专长和精力来履行21项领导职责中的每一项。诸多研究都表明，必须重视强大领导团队的重要性。在一个高效组织中，领导者的价值在于能够让成员发现问题、解决问题。

优秀的校长不会尝试独自承担所有工作，他们会通过识别和发展团队领导来培养共享领导力，从而推动团队集体进步。如果团队层面上缺乏优秀的领导力，协作过程就极有可能偏离对学生学业最重要的问题。

校长在挑选团队领导人时，应考虑以下几个因素：

1. 团队领导人对同事的影响力——采纳或否定一个想法通常不取决于想法本身，而取决于支持想法的人。在大多数组织中，有一些成员受到高度重视和尊重，这些成员对于某项提案的支持有助于他人信服该提案。最适合领导团队的人就是“意见领袖”。

2. 团队领导人拥护专业学习共同体的意愿——当团队领导人就优先事项表达意见并且言行一致时，这个组织才是有效组织。优秀的团队领导人通过对专注学习、协作、合作探究和结果导向的承诺来表达自己对专业学习共同体的拥护。

3. 团队领导人的自我效能感和坚持不懈的决心——最近一项全美教师调查显示，大多数教师都认为，提高学生成绩最重要的两个因素是更多的教育经费以及父母更大力度的支持。这种通常在自身范围之外寻求解决办法的思路正是学校改革的主要障碍。优秀的团队领导人不会盯着窗外，等待其他人来改善他们的处境，而是会依靠自身。他们相信团队成员的集体行动会对学生成绩产生重大、积极的影响。这一信念使他们在面对挫折时能够团结不退缩，“他们认为负面事件只是一时的差错，而不是悲观主义者眼中的长期状况。挫折产生的具体原因并非不可查明，也并非不可解决”，所以他们会坚持到底。

4. 团队领导人的系统思考能力——优秀的团队领导人明白团队工作和

学校、学区改善之间的相互联系。低效的领导人把团队工作看作是完成清单上一系列互不相干的事项，而优秀的团队领导人则可以把这些事项联系起来，增强团队工作的凝聚力。

培养团队领导人

团队领导人将会从一系列持续培训中受益良多，比如建立共识、促进对话、合作解决问题、召开有效会议以及解决矛盾等等。同样重要的是，领导人要学会如何带领同事完成至关重要的具体工作。

对于团队领导者而言，深度学习来自工作实践——在本校环境中从实际工作做起。因此，最高效的培养是"随时"发生的，它与工作交织在一起，而非割裂开来。一项关于领导力发展策略的研究指出："当发展经验能够与个人正在进行的工作相关联或有所交织时，这些经验或许能发挥最大作用……如今，发展意味着为人们提供从工作中学习的机会，而不是让他们脱离工作去学习。"培养团队领导人的最佳方法是让他们参与团队所面临的现实挑战，并在他们应对挑战时提供持续性支持和帮助。

例如，假设一位校长正试图让各团队建立与学校、学区目标相一致的SMART目标，协助团队形成结果导向。校长必须与团队领导人合作，决定怎样让同事更好地参与制定这些目标，预测同事可能会提出的种种问题，比如：

- 缘由——我们为什么要创建SMART目标？您能说说我们为什么从事这项工作吗？是否有证据表明这一工作成果可取、可行，而且比传统做法更为有效？
- 内涵——SMART目标这个词的确切含义是什么？您能提供哪些资源、

工具、范本、材料和示例来协助我们的工作？

- 方式——我们如何开展这项工作？您建议我们怎么做？是否有一个首选流程可以帮助我们建立良好的SMART目标？
- 时间——我们什么时候有时间做这件事？您希望我们什么时候完成这项任务？
- 方向——我们试图通过参与这项任务来回答哪些问题？哪些问题可以帮助我们专注于正确的工作？
- 质量——我们应该用什么标准来评判SMART目标的质量？我们如何知道我们的目标是否符合您的期望？
- 保障——您可以提供哪些建议来提高我们成功的可能性？您可以提醒我们注意哪些事项？当我们遇到困难时，我们将何去何从？

校长应事先与团队领导人审查这些问题，向领导人提供有助于解决各种问题的资源，并让他们在从事工作前排练领导团队的对话流程，从而为团队领导人提供成功可能性高的策略。

通过单独或集体性支持领导人进行全过程合作探究，校长也培养了分布式领导、共同使命和集体责任感，这些对于专业学习共同体至关重要。

提升团队的工作能力与绩效

如前所述，一个人几乎不可能履行校长所有的职责。校长倾注心血与精力去培养团队领导人，这增大了本就负担过重的学校领导对时间的需求。然而，我们认为，校长将时间用于培养教师团队协作能力比通过对传统课堂进行观察与评估来监督个别教师更有效。

设想一下，一位用心良苦的高中校长每年专门花150个小时在课堂巡视、观察会议、考察调研、书面报告以及有关教师评估的个人谈话上。如果校长把他/她的时间平均分配给50位教师，那么每位教师每年将从校长那里只获得3个小时的时间。我们可以期待这项工作会有哪些成果？

- 校长很难把握外语、高等微积分、建筑行业等课程中所讲授内容的严谨性、相关性、明确性，乃至正确性。
- 即使是非模范教师的表现也会很令人满意。根据美国一项关于教师评估的综合调查，在采用“满意”或“不满意”二元评估机制的学区中，超过99%的教师被评为满意。在具有多个等级的学区中，94%的教师获得了最高的两个评级，只有不到1%的教师被评定为“不满意”。
- 根据教师本人所言，评估不大可能影响他们的实践。每4名教师中就有3名教师认为学校的评估过程仅仅是形式而已，并没有给他们带来太多帮助。

这正是为什么教学委员会（Teaching Commission）认为美国的教师评估“晦涩难懂”“基本无效”。

现在，假设刚刚那位校长花150个小时与团队领导人和协作团队一起工作。这些团队每周开会，确保成员明确理解每个课程单元的基本目标，制定持续的形成性评价策略，监测每个学生取得的学业进展，并利用这些数据不断改进实践方案。这种策略更有可能对教学产生影响。

最近一项关于世界各地学校系统持续改进的调查显示，这些制度并非旨在通过评估和绩效考核对教师进行问责。相反，他们实施了若干方案确保教师不断获得学生学习情况的证据。正如研究者所总结的，“重点是学生学到了什么，而不是老师教了什么”。根据这项研究，最有影响力的教师问责形式“源于同行的合作实践，通过形成共享概念，明确什么是好的实践、怎样的实践最能帮助学生，教师们共同承担协作责任”。

课堂教学观察当然也有其价值（例如，帮助新教师或者监督表现不佳的教师）。有些策略有助于提高校长课堂观察的效率，校长应该发展他们使用这些策略的能力。在第七章中，我们描述了一个方案，教师可以作为协作团队的一员，亲自参与课堂观察来改进教学。一般而言，校长应听取富兰的意见，减少个人主义策略，更多地依赖集体能力建设。

我们认同华莱士基金会近期关于学校、学区领导力的研究结论：学区应协助校长重新界定自己的角色，调整工作安排，将更多时间用于与教学、学习相关的事项上。校长应将工作重点从监督个别教师转向提高教师团队绩效，从而发展以结果为导向的协作团队的工作能力，这可能是达到预定目标的最佳方法。

结　论

专业学习共同体的结构天然可以克服独立型教学的弊端，因为其本质在于专业互动。正如我们在后续章节所阐述的，教师之间就学生学业成绩进行互动、明确与特定目标相关的学生需求，这是协作团队内部进行实质性对话的起点。明确特定学生需求后，团队内部就可以不断调整最合适的教学实践来满足学生需求。因此，专业学习共同体就成为教育工作者之间建立专业关系的互动平台，打击了独立型文化的内核。

然而，没有校长的卓越领导，学校就不会出现从独立文化到合作文化的转变。正如麦克劳克林（Milbrey W. McLaughlin）和塔尔伯特（Joan E. Talbert）所指出的，“校长在推动或约束学校教师专业学习共同体的发展方面居于战略性地位……学校管理者为共同体的发展与维系创造了舞台和条件”。

总之，校长的确会对学生学习产生影响，最有效的策略就是通过构建专业学习共同体，促进协作团队的发展，最终帮助学生提高学业表现。

| 第四章 |

创建专业学习共同体的合作文化

有道德目标的优秀领导者不会独立行事，也不会寄希望于其他个人，而是通过发展协作伙伴来实现目标……协作学习共同体，也称为专业学习共同体，之所以能取得显著成果，不仅是因为团队领导者有影响力，还因为团队成员之间既相互帮助，又相互负责，追求共同进步。

——迈克尔·富兰

凯蒂·海考克（Katie Haycock）用一句简洁的话总结了教学质量对学生成绩影响的研究成果："好的教学至关重要。"凯蒂说道："最好的老师可以让贫穷和制度化种族主义的影响消失殆尽。"当然，凯蒂并非唯一一个认为教学质量是决定学生成绩最重要变量之一的研究者，许多研究人员都将教学质量列为影响学生学习的最重要因素。

如果学生学习成绩的高低与其每天接受的教学质量直接相关，那么，提高学生成绩的最佳方式似乎就是专注于改善教师的知识和技能。研究人员认为，改进教学质量是"提高学生成绩的首要因素"，甚至是"提高成绩的唯一途径"，也是改善学校教育的最有效策略。

负责任的学区、学校领导在理解这些研究后，可以顺理成章地得出如下结论：提高学生成绩的最佳途径是关注教师个人，如此才能改善学校的教学质量。例如，领导者可以尝试监督和评估教师行为，促使其改进教学表现，或者延长课堂观察时间来为教师提供教学反馈。他们还可以通过支持教师参加研讨会、培训课程，或通过对评估中表现有所提高的教师发放绩效奖励来激励教师提高教学技能。

然而，如果这些学区和学校领导者深入剖析一些关于改善学校和团队的研究，他们就会发现矛盾所在。这些研究的结论是：注重教师个人能力的提升并不能形成改善学生成绩所必需的要素，必需的要素是团队协作和集体努力。纽曼（Fred M. Newmann）和威莱治（Gary G. Wehlage）对重组学校的纵向研究发现，许多拥有合格教师的学校缺乏提高学生成绩的组织能力，因为应对这一挑战"超出了教师个体的能力范畴"，需要"将人力、技术和社会资源组织起来，形成有效的集体合力"。最近，富兰强调说，应对上述挑战需要借助集体力量，只注重提高教师个人能力的策略无法改善学校教学情况。

这些看似矛盾的研究驱使我们再次回到本书的主要前提。如果一所学校的领导者和专业教师一样优秀，如果学生学习的一个重要变量是其每天接受的教学质量，那么学校的实质性改进将能够创造条件提高教学成果。然而，强化教育者的个人主义策略并不是提高教育者个人教学效率的最佳途径，"孤立是进步的敌人"。改善教育实践的更好策略是发展强大的专业学习共同体为基础的结果导向型合作文化，这种文化致力于培养团队集体能力来完成学校或学区的目标和优先事项。所以，学校或学区的关注点必须从帮助教师个体在各自的教室和学校中变得更有影响力，转向创造一种相互帮助、责任共担和相互负责的新合作文化。

强调集体能力并不意味着削弱教育者个人的重要性。相反，它通过创造条件来促进教师持续提升，将嵌入式专业学习发展理念融入教师工作。学校层面的专业学习共同体质量将决定教育实践改善的努力是否会以积极的方式影响学生成绩。换言之，教育者个人的有效专业发展最终“取决于建立（和发展）专业学习共同体的能力”。

承认挑战

协作型团队是专业学习共同体的基本结构，也是推动教学持续改进的动力。支持团队合作的研究不胜枚举，最近一份研究综述指出：“总而言之，研究表明，当教师有时间、有资源开展合作时，他们会成为终身学习者，教学实践也会得到改善，最终促进学生成绩的提高，且提高幅度远非单个教师的教学效果所能企及。”与此相反的是，我们并未发现有研究认为帮助学生达到更高学习水平的最好方法是让教育者独自开展教学。

大多数教师和专业团队组织都认可教育者应该协作工作这一前提。一项全国性调查数据显示，三分之二的教师和78%的领导者认为，教育者之间加强合作“会对学生成绩提高产生重大影响”。尽管众多证据表明协作工作的好处并公开表示支持团队协作，但是，从单个教育者独立工作的个人文化转变为教师相互协作的团队文化仍然是一个艰巨的挑战。

让我们看一个相似的例子：肥胖问题困扰着越来越多的美国人。人们普遍认为，解决此问题的最佳策略是少吃、多动。此方案以研究为基础，得到了医疗保健行业的普遍认可，全美各地的人们也用实际行动证明该方案可行。然而，这一最有希望的策略虽然得到多方认可，但实施起来仍困难重重。它要求个人改变长期以来的饮食观点、期望和习惯，要求人们建立不同的与食物的关系。最重要的是，它需要人们接受并永远坚持一种全新的生活方式。只追求短期的健康饮食并不能减轻体重、保持体重、变得健康。虽然每个人都知道这些，但要把它们付诸实践却十分困难。

对于强调合作文化的专业学习共同体而言也同样如此。如今，越来越多的人认识到这是提高学生成绩的有力策略，但在现实学校中，要将其变成现实仍十分困难，因为教育者需要改变长期以来对于学校教育的想法、期望和习惯，以全新方式与同事和学生建立联系。此外，他们还要放弃追求最新教育潮流的传统，以一种全新的理念从事学校教育。

直面“困难”，积极应对

我们之所以使用“困难”这个词，是为了让学校和学区领导者在进行专业学习共同体建设时，能够从现实的角度看待可预见的动荡。我们并不是有意阻挠领导者接受挑战，尽管这项任务十分艰巨，但我们一定能通过共同体建设实现目标。

1997年，迈克尔·富兰说道：“我们很容易对教育改革感到悲观。当然，也确实存在很多让人悲观的理由。从技术理性的角度看，大规模学校改革无望的说法似乎是合理的。”但尽管如此，富兰仍敦促教育者坚守“我们最后的美德：希望”。后来，富兰变得更加乐观，他表示，随着改善学生学习的正确策略日益清晰，教育者有望在一年内感受到学生成绩大幅提高——即使在大型学校也是如此。

我们认为，随着关于学校改革的知识不断增加，我们有理由以乐观积极的态度面对未来的挑战。至于这些知识如何快速、成功地转化为具体有效的行动，最终影响学生学习，这在很大程度上取决于教育者自身的技能和毅力。接下来，我们将讨论建设专业学习共同体合作文化的正确策略以及需要避免的常见错误。

相互问责制：建立集体能力的关键

专业学习共同体过程要求团队所有成员学习新知识，应用新技能，参与新实践。因此，学区、学校或团队层面的领导者必须担起责任，为教师提供清晰规划、团队结构、资源支持，这对教师的成功至关重要。如果领导者想要让其他成员承担起改善自己业绩表现的责任，那么领导者首先应该负起责任，要为这些成员提供帮助使他们提升自己的能力，达到新的标准要求。接下来，我们将展示学区、学校和团队领导者必须解决的七个问题，帮助他们将团队发展成为高效协作的团队。

1. 将教师组织成有意义的团队

一个有着虚假合作文化的团队无疑是失败的。如果团队成员只根据人际关系选择加入哪个小组，或者根据与教学无关的共同兴趣组建团队，或者建立的是既不分享内容也不分享学生的“单干教师团队”，这样的团队毫无发展进步可言。协作团队不是一群随机人士定期见面、看看是否能发现一个谈话的主题，而是成员相互帮扶、相互负责，为实现共同目标而努力奋斗。如果团队缺少相互支持，缺乏共同目标，没有相互问责，这样的组织就不能称为团队。

将教育者组成团队最重要的标准是让他们共同解决专业学习共同体的基本问题，即我们在第一章中介绍的问题：

- 我们希望学生学习什么？
- 我们如何知道他们是否在学习？

- 当个别学生不学习时，我们应当如何应对？
- 对于达到优秀水平的学生，我们该如何丰富并拓展他们的学习？

目前存在多种团队结构类型来支持真正有协作文化的团队寻求这些问题的答案（参见“团队结构”）。

团队结构

- **横向团队**指同一课程或同一年级的教师构成的团队，比如一所学校的所有几何教师或所有二年级教师构成的合作小组。
- **纵向团队**可以将教授同一门知识体系的高年级和低年级教师联系起来。
- **线上团队**可以利用互联网技术与学区、州或世界各地的同事建立强大的伙伴关系。
- **跨学科团队**可以在初中和小型高中发挥作用，共同努力实现团队的总体课程目标，提高学生成绩。
- **逻辑联系团队**将共同追求与其专业领域相关的成果的教师聚集在一起组成合作小组。

纵向团队（如小学教师或西班牙语教师）可以共同制订强有力的课程计划和策略来监测学生的学习进度。跨学科团队能够发挥作用的前提是他们有一个总体的学术目标，将团队重点聚焦在提高学生学业成绩上。学区团队和线上团队为小规模学校的教师或单一课程的教师提供了参与合作的有效途径。逻辑联系团队教师也可以同时加入横向的年级团队或者以课程为核心的纵向团队。例如，小学体育教师可以与四年级组合作，通过要求学生计算罚球命中率或击球率，将体育教学作为课程的一个自然组成部分。特殊教育教师可以加入以课程内容为核心的团队，帮助解决特殊学生在该课程中表现不佳的问题。

最合理且最容易建立的团队结构是关于具体课程或年级的团队。这些团队共享工作内容，通常在改善学生学习方面最有效。最近的一项研究发现，这种结构“对教师实施探究教学并从中受益至关重要”。正如研究者指出的：

> 根据我们的调查，一个协作小组……通常由三到七位教师组成，团队成员都在同一年级、同一课程或同一学科领域从事教学活动……在小学阶段，通常会组成年级小组。在中学阶段，当教师组成课程（或学科领域专业）小组时，取得的效果最好，例如七年级预科代数团队或九年级英语小组。为了实现目标，团队需要设定并分享适用于课堂实践的工作目标。没有这一目标，团队只会陷入肤浅的讨论。

朱迪斯·沃伦·利特尔（Judith Warren Little）也得出了类似结论：当教师以内容为基础，与同事一起关注与学科相关的课程、教学和评估时，他们改善自己教学实践的可能性更大。萨菲尔、金（Matt King）和德奥里亚（John D’Auria）对这一观点表示认同：虽然其他结构可能有其存在的价值，但一个学校的文化、学术重点以及专业发展是通过“内容共享团队的工作”来揭示的。施蒂格勒（James Stigler）和希伯特（James Hiebert）发现，帮助教师改进教学的最佳安排是将具有相同学习目标的教师分为一组，“在这种环境下，教师可以共同制定多样化教学策略，之后在多个教室中进行测试，并根据学生学习需求修改这些策略”。简而言之，专业学习共同体协作团队的有效工作通常最容易在工作类似、特定课程或特定年级的团队中进行。

2. 为团队提供合作时间

令人困惑的是，有很多学区虽然宣称团队成员合作十分重要，但却没有提供对团队合作至关重要的时间和结构。他们声称共同工作是团队的优先事项，但却不采取任何支持性行动，这是不诚实的行为。同样不诚实的是，当存在多种方法可以在不增加成本的情况下为教师提供合作时间时，他们却推托说美国教育资金危机使学区无法为教师提供合作时间。

为教育者提供合作时间的主要障碍之一是一种美国独有的观念，即教师不在课堂授课就等同于不工作。其他国家则不受这一观念的束缚。尽管各国教师每周的工作时长不相上下，但美国各级教师的授课时长却远远多于国际同行。美国教师的年平均教学时长为1072个小时，这意味着美国教师在课堂的时间比经济合作与发展组织（Organisation for Economic Cooperation and Development, OECD）调查的30个国家小学教师的教学时长多36%，比这30个国家高中教师的教学时长多60%。

这些国家的教师和美国教师在课堂上的巨大时间差异可以归结为一个主要因素。在这些国家（包括那些自1980年以来在教育成就方面取得最大进步的国家），资深教师“每周有15—25个小时……来制订合作教学计划，分析学生学习情况，参与课程研究、行动研究，观摩彼此的课堂，帮助自身不断改进教学实践水平”。正如经合组织报告所说，“在大多数调查国家，绝大多数学校的教师都会定期就教学问题进行合作探讨”。

学校和学区领导必须改变观念，教师参与有意义的合作并不等同于“不工作”。领导者可以通过采取实际措施，为教师提供合作时间来开始这种改变。

在为教师提供合作时间的争论中，教师自身也并非无可指摘。他们对任何牺牲个人时间来商讨协作教学计划的方案都会坚决反对，而且这种情况并不罕见。然而，据我们所知，没有任何研究表明每周花费5个小时制订计划的教师会比只花费4个小时制订计划的教师更能帮助学生提高学习水平。相反，有相当多的证据表明，当教师为正确的工作而共同努力时，即使每周只有一小时，学生成绩也会有所提高。

另一种常见情况是，教师们认为，为了促使教师开展合作，学区应该承担额外费用。这些教师要求聘用代课教师或者为教师发放额外报酬，因为他们需要花费时间与精力和同事一起协作。在这个大多数学区都在努力削减预算而非增加开支的时代，这些建议无疑是石沉大海。此外，多数建议还认为，合作是教师工作之外的事情，并非教师本职工作。

最常见的态度也许是，提供教师合作时间的唯一可能方法是在合同规定的时间内停止学校教学，让学生回家。美国国家时间和学习委员会（The National Commission on Time and Learning）是教师合作的主要倡导者，它反对这种策略，认为教师合作时间不应该以牺牲学生学习时间为代价。此外，我们知道有些学区采用这种策略为教师提供合作时间，但却遭到了社区反对，反对的理由不是教师合作本身，而是这给家庭带来了不便，打乱了孩子的学习时间计划表。20世纪90年代中期，报告《时间的囚徒》（*Prisoners of Time*）发出了为教师提供合作时间的倡议，但如果教师坚称他们合作的唯一方式是停止教学、让孩子待在家里，那么可以预见，几乎不会有人会为教师提供合作时间。

因此，学校董事会、学监、校长和教师必须共同努力，为教育者提供合作时间，但他们也必须认识到，确实存在一些方法可以在不关闭学校、不花费金钱，也不损失大量教学时间的前提下实现这一目标。根据上述三个标准，有几种现成的策略，比如“All Things PLC”[①]网站（allthingsplc.info）上介绍的八个策略：

① 创造共同的准备时间；

② 实施平行时间表；

③ 调整教师工作日的起始时间；

④ 共享课程；

⑤ 开展大型小组授课、测试和会议；

⑥ 储存时间；

⑦ 为团队分配特定专业发展时间；

⑧ 利用教师会议时间。

3. 提供支持性结构，帮助小组成为团队

在很多情况下，学校和学区领导者只满足于建立一个和睦相处的小组，却并不关注团队成员是否真正协作、发挥集体作用。某些结构和流程有助于实现从小组到团队的转变，而优秀的领导者会确保这些结构和流程到位。

例如，想要让团队更加高效，他们需要就如何开展合作达成清晰一致的共识，并将其转化为集体的承诺，然后以承诺为依据持续地对成员的合作关系开展监测。卡特森伯奇（Jon R. Katzenbach）和史密斯（Douglas K. Smith）写道，团队合作的核心在于：

> 一个建立责任的过程……成员之间建立的社会契约与他们的目的密切相关，并对其共同工作的方式起指导和约束作用……团队责任制的核心是对自己和对他人做出的承诺，这些

---

① 该网站为致力于提高学生成绩的教育工作者和行政人员提供合作性资源。——译者注

承诺构成了团队的两个关键基础：责任和信任。

尽管明晰这些责任并不能消除冲突的可能性，但它确实为团队提供了处理和解决问题的基础平台。团队成员对自己承诺的工作有清晰的认知，这增加了其察觉并解决阻碍目标实现的问题的可能性。

另一个对高效团队至关重要的方面是团队必须明确努力实现的目标。我们有必要重申：如果团队缺乏共同目标——只有成员之间通过彼此合作才能实现的目标，那么这个组织就不能称为一个团队。如果领导者希望创建高效能协作团队，就必须采取措施，确保每个成员都能从相互依存的关系和具体的绩效目标中获益。

如果团队追求的目标设定错误，那么，即使将教师组成团队也不可能对专业实践和学生学习产生影响。团队的工作应当推动学校基本目标的实现——让全体学生实现高水平学习——所以，正如我们在第一章中解释的，每个团队制定的目标都应该是SMART目标。

学区、学校和个人都应该有目标的想法并不新颖。我们也曾目睹很多学区每年投入大量时间和精力来制定大量目标清单。很多情况下，这些目标都集中在项目（实施时间表）、活动（就客观评价方面培训员工）或由教师完成的任务（全体教师完成专业发展计划）上。这种目标设定并不是我们认为正确的目标。正如一项学校改善研究得出的结论所言，除非教师将这些目标转化为其所在年级组的具体目标，否则全校性目标的存在并不会对学生成绩产生影响。这也许是因为，学校本身并不会有目标，只有人才有目标，而在学校领导者将目标转化为具体绩效指标之前，期盼学生成绩和教师教学能力的提高几乎是不可能的。

因此，优秀团队的SMART目标将重点关注学生学习的具体证据。实现目标可能需要进行大量的活动、项目和任务，但这些只是达到目的的手段，而不是目的本身。专业学习共同体专注于帮助学生习得对成功至关重要的知识、技能和性格，因此，协作团队的SMART目标必须收集关于学生学习的证据，并根据证据采取行动。

团队的目标应该由团队制定，而不是他人为团队设定。团队目标应该有助于学校、学区目标的实现并与之保持一致。团队中每个成员都应该对目标有清晰的认知，知道如何为实现目标做出贡献，明晰团队监测进展的具体指标。

在组织研究和教育研究中，团队目标设定和绩效提高之间的联系已经得到了充分证实。正如一项研究结论所说，“团队中最重要的莫过于所有成员一致为共同目标和一系列绩效目标做出努力，团队要对这些目标负责”。领导者如果希望培养一支高效能团队，就应该确保团队有一个或多个明确的协作目标。

4. 明确团队的工作内容

优秀的领导者会将人员组织为有意义的团队，制定工作时间表，为成员提供合作时间，并指导团队制定SMART目标和工作规范。这需要有优秀的领导者帮助团队明晰目标和优先事项，确保专注于正确的工作，并不断提高工作效率。

领导者在创建合作文化的过程中所犯的最大错误也许是将教师或校长分配到各个小组，鼓励他们进行合作，但却没有提供任何指导或支持。领导者只是希望得到最好的结果，却并未付出实际行动。那些在职业生涯中一直独立工作的教师不可能突然知道作为团队成员应该如何有效合作，也不可能突然知道团队协作的工作重点。希望可能是一种美德，但不是一种有效的工作策略。

教师常常搞不清楚协同工作的内容，把宝贵的合作时间浪费在既不会对专业实践产生影响，也不能提高学生成绩的方面，而且这种悲剧常常以合作团队的名义发生。只有当教师和校长持续关注学生学习时，合作文化才能促进学校的改善。在错误的工作中进行合作，对错误的问题进行集体探究，并不会对学生成绩产生积极影响。如果将教育者分配到团队中，并为其提供合作时间的初衷是为了帮助学生提高学习水平，那么，团队就必须始终专注于对学生学习影响最大的问题上。

一项为期五年的学校改革研究证明，教师合作能大幅度提高学生成绩。不过，该研究显示，尽管学校为教师团体提供合作时间，但在刚开始的两年中并没有出现任何迹象显示学生成绩有所改善。第三年，团队坚持要求教师使用协同工作流程——明确学生学习内容，共同制订教学计划来解决学习问题，以团队为单位实施计划，通过团队制定的共同评估测试监测学生进步，利用这些评估数据来找寻学生学习中的问题，运用教师的集体专业知识解决问题，并反思解决方案的有效性，以此来确定下一步工作内容。这一流程帮助实施该方案的所有学校的学生大幅度提高了学习成绩。研究人员得出结论：要使教师和学生在合作过程中受益，那么，团队利用恰当流程来帮助教师专注于正确的工作内容至关重要。

许多学区中存在的一个毫无意义的争论是由谁来决定团队的合作方式，是由领导者决定团队的工作性质，还是由教师来掌控他们如何使用合作时间？这个争论的焦点是权力问题，而非效率问题。希望推动专业学习共同体发展的学区在做出重要决定时，应该做专业学习共同体应做的工作——建立共享知识，并通过这种方法来解决上述问题。领导者和教师应共同努力来确定团队的“正确工作”，即最有可能对学生学习产生积极影响、提高教师高效合作能力的工作。

如果领导者和教师解决这个问题的方法是基于证据分析，而不是权力争夺，他们就会在以下方面达成一致：

- 当团队成员就如何开展合作、何时做出承诺、何时展开合作以实现共同的SMART目标达成明确共识时，团队就会更加高效。因此，团队应该制定工作规范和SMART目标。
- 当团队制定出一致认可、切实可行的课程体系时，学生的学习成绩会得到改善。因此，团队应该集体研习相关国家标准、学区课程指南和高风险评估手册，并与同课程的高年级授课教师进行对话，明晰对学生最重要的知识和技能。团队所有成员都应该能够回答出“在接下来的单元中，学生必须学会什么内容？”，并在课堂上完成预定授课内容。除此之外，教师之间还应保证各学习单元授课进度统一，以便教师有足够时间教授学生基础知识，保证全体学生都有学习保障。
- 当学生拥有可以帮助他们取得每单元预期成果的储备技能和必要的词汇知识时，他们就能学得更好。因此，团队应该在教授各单元之前创建共同的课前评估测验，发现那些缺乏先决技能和知识储备不足的学生。然后，团队和学校需要制订并实施差异化教学计划，帮助这些学生在学习新知识之前补足基本技能和知识。
- 当教师及时地监测学生的学习，并在如何改进方面给予学生具体、精确的反馈时，学生的学习成绩会得到改善。因此，团队应该帮助成员以更有效的方式收集学生每日课堂学习的证据，开展经常性的共同形成性评价，以便从团队角度持续监测学生学习。团队应该共同分析教学结果，找到学生在学习中不够明晰的概念或技能，分析在这些知识点遇到困难的原因，制定相应策略，为学生提供具体反馈和持续性支持，促进学生提高学习成绩。

- 当教师明确评判学生作业质量高低的标准，并能坚持使用这些标准时，学生的学习会得到改善。因此，团队应该建立学生作业评估标准，并以学生作业样本为对象进行实际检验，直到团队成员的评估标准趋于一致。
- 当教师共同查验学生学习证据，并使用这些证据来改善教学实践时，学生就会有更大的学业进步。因此，团队成员应该检查学生学习的各种指标，知晓自己的教学优势和劣势，然后和团队成员一起，扩大教学优势、克服教学劣势。此外，团队应找到需要进行专业发展和行动研究的问题领域，实施相关措施，直至问题得到解决。
- 当学校建立监测系统，学生得到足够的学习时间和及时、精确、系统的学习支持时，学生的学习会得到改善。因此，团队应该持续寻找学习有困难的学生，为这些学生提供及时、系统的多层次干预计划，确保每位学生都能得到需要的支持。干预计划还应使学校能够满足优秀学生的需求，确保他们从课程的丰富度和宽广度中受益。

这里需要说明的是，如果团队工作以对学生成绩有最大潜在影响力的共同研究为基础，那么，领导者和教师就能够就工作内容达成一致。如何利用团队时间应该根据对学生和成人学习产生的影响来决定，而不是谁手握更多权力谁就能决定团队安排。

我们观察到一些学区试图对团队的每一个细节进行微观管理，或者利用宝贵的合作时间来处理行政事务，使得团队合作有名无实。我们还注意到，有些教师声称，他们的合作方式选择甚至是否合作的权利，比提升学生成绩的证据更重要。此外，还有一些学区虽然为教师提供合作时间，但对时间的使用情况漠不关心，削弱了合作的力量。

从道德角度讲，合作是中立的。如果教育者未能明确正确的工作内容并共同努力，这样的合作对学生和教师都没有好处。学区、学校、团队必须解决的重要问题不是“我们要合作吗”，而是“我们合作的内容是什么”。用爱德华兹·戴明（W. Edwards Deming）的话说，“只努力工作是不够的，必须首先明确正确的工作是什么，然后再努力工作”。优秀的领导者需要确保教师就正确的工作内容达成一致。

5. 监测团队工作，在需要时提供指导和支持

明确合作团队必须完成的工作后，下一步自然是制定工作监测策略。一个有效的策略是加强团队对话，共同探讨团队工作内容进展。

团队应该设立工作规范、SMART 目标、学习单元的基本成果清单、共同评估等准则，将这些准则与领导者和教师共享，定期展示团队的工作成果。

当学校领导与教师共同为预期成果制定工作时间表时，这有助于团队专注于工作目标。团队成员会明白，他们在某个日期之前需提交学习成果清单、共同评估结果、学生学习评估结果分析等等。领导者和教师都必须避免把团队工作成果看作是待办事项清单的倾向（比如，“工作规范已完成”，划掉；“SMART 目标已设定”，划掉）。这些工作并不是可以划掉的待办清单，而是一种基础框架，是团队领导者与成员间对话的主要内容。比如，我们建议校长每季度与各团队进行一次谈话沟通，了解团队的工作进度，并在必要时提供帮助和支持。

在培养教育工作者的团队协作能力时，非常重要的一步是明确要创造和展示的内容是什么。当教育者知晓必须创造的工作成果形式时，他们会对自己的工作性质有更清晰的认识。确定展示成果的时间表是监测团队进展的有效工具，可以促进团队成员之间以及团队与学校领导之间开展定期对话。正

如卡特森伯奇和史密斯对优秀团队的全面研究中得出的结论，“如果成员没有通过集体努力为团队创造出具体的工作成果，那么就无法完成团队是否改善学生学习的工作绩效认定”。

6. 避免在团队协作过程中走捷径

每个试图在学区或学校层面上建立专业学习共同体的领导者都可能遇到一种情况——被人劝说绕过一些流程。有人会告诉他们，学校教师的工作关系良好，不需要设立团队规范；教师的工作十分繁忙，没时间就学生的学习内容进行讨论合作，只要向教师提供相应的国家标准和学区课程指南即可，中间过程的一系列流程可以跳过；教师没有能力创建良好的共同评估准则，如果学校需要，可以购买商业评估，或者让领导办公室的工作人员创建基准评估，代替教师收集学生学习的证据；教师不知道如何分析数据，可以聘请专业人士来做此工作、汇报分析结果，等等。然而，这些人忽略了一点：正是上述这些建立共享知识的过程，以及关于共享知识的合作性对话，培养了教师成为高效能团队成员的协作能力。如果领导者绕过了教师的合作流程，团队合作能力就会大大降低。当领导者明晰团队合作内容，为团队提供持续性支持来帮助成员取得成功时，团队工作效率就会提高。领导者要明白，团队的进步只有靠成员自己的合作才能获得。

7. 庆祝短期胜利，直面对团队没有贡献的成员

关于领导者如何培养协作团队工作能力的讨论必须解决庆祝胜利和面对无贡献成员的问题。如果不为团队取得的成果和进展表示肯定，就很难激励协作团队继续努力工作，也不可能维持现有的发展进程。优秀的专业学习共同体会将赞赏和肯定融入团队的常规工作中。相反，领导者处理合作团队无

贡献员工的做法体现了对专业学习共同体至关重要的自主权。领导者如果不愿意直面那些无视团队合作的员工，不仅会破坏团队的合作进程，还会损害自己与其他教师的信任关系。事实上，伦乔尼（Patrick Lencioni）建议领导者“如果没有勇气要求团队成员达到协同工作的要求”，就应该考虑放弃团队领导者这一角色。

结　论

创造条件帮助团队成功是领导者的最高职责之一。如果学区和学校领导者要创造条件帮助更多学生获得更高的学习水平，他们必须培养教育者成为高效能合作团队中的一员。正如富兰所说，“我们一再地看到了集体的力量。当我们以协作且具体的方式激励团队工作时，就可以取得惊人的成果”。

要想为高效能协作团队创造条件，学校领导者必须设立清晰的团队发展目标和优先事项，明确团队的结构，提供即时支持和反馈，实施具体化领导，这些对团队成功至关重要。领导者必须对团队的工作内容进行指导，但也必须履行责任，帮助每个团队完成任务目标。

到目前为止，我们已经重点讨论了关于学区和学校领导如何创造条件支持专业学习共同体这一合作文化的问题。接下来的章节中，我们将重点关注教师作为专业学习共同体成员应做的具体工作。这项工作将再次聚焦在四个关键问题上：

1. 我们希望学生学到什么？
2. 我们如何知道他们是否在学习？
3. 当个别学生不学习时，我们应当如何应对？
4. 对于达到优秀水平的学生，我们该如何丰富并拓展他们的学习？

在转变本书讨论的重点时，我们在很大程度上借鉴了鲍勃对这些问题的研究。他对上述第一个问题的研究帮助世界各地的教育者认识到他所称的“明确且可行的课程”的重要性，我们会在第五章中讨论这个问题。他对于评估的兴趣促使其建立了关于学生学习数据收集和分析的新策略，我们将在第六章介绍这一点。对于第三个问题，他正在开展的关于有效教学的研究提供了一个解决方案框架，可以在评估结果显示学生遇到学习困难时帮助教师团队采用有效的教学策略。第七章将介绍这一研究，详细说明团队应如何根据不同的学习目标制定相应的有效教学，并提供一个工作流程来帮助团队评估教学效果。第八章的主体内容是学生不学习时学校应采取的干预措施。第九章讨论了优秀领导者应具备的情感影响力。

我们希望接下来的这些章节能够向读者说明专业学习共同体是如何对教育实践的核心——课堂产生影响的。

| 第五章 |

开发明确且可行的课程

作为专业学习共同体的学校会以专注学术为特色，课程清晰明确，连贯一致。学校对每个年级的各项课程都有明确的教学目标和规划，对学生预期学习效果设有具体规范。

——乔纳森·萨菲尔（Jonathon Saphier）

在《有效的学校措施》（*What Works in Schools*）一书中，鲍勃认为在学校层面提升学生学业水平的最有效措施是开发明确且可行的课程。也就是说，要想提升学生学业水平，学校所能采取的一个强有力的举措是：保证在特定的课程和年级中教授特定的内容。这看似平平无奇，但在实际教学中，几乎没有学区和学校能够真正落实。

事实上，学区制定并下发的课程指南对确保学生达到相同知识技能水平几乎没有实际作用。教师可以（的确会）对有关文件有不同解读，对推荐的教学内容设置不同的优先级，或者直接无视相关指导文件。总之，国家和学区制定的计划课程与实际的教学课程之间普遍存在巨大鸿沟。正如赫希（E.D. Hirsch Jr.）在《我们需要怎样的学校？》（*The Schools We Need and Why We Don't Have Them*）一书中写道：

> 众所周知，当前不存在全国（美国）统一课程。但是我们可以提出合理假设：一些地方学校可以实现课程内容的一致。如果无法实现学区内一致，至少可以实现校内一致……有人说，目前的学区或学校内部已经实现了教学内容统一安排，这完全是误导性言论。

即使教师们使用相同的教材，也无法保证能够向学生教授相同的内容。史蒂文森（Harold W. Stevenson）和施蒂格勒（James Stigler）在《学习的差距》（*The Learning Gap*）一书中指出：

> 由于教材普遍篇幅过长，所以美国的一些教师常常略去课本的部分内容。由于不同教师省略不同的教学内容，教师无法知晓之前的教师教授过哪些内容，也无法确定学生是否已经学习过某些知识。

有关学习机会①的研究同样强调，如果学校无法保证教师在特定年级的特定课程中讲授特定内容，将会引发一系列问题。“学习机会”概念的强大之处在于它的简单性：学生获得学习重点内容的机会多少与他们是否能够学会这些内容有直接关系。20世纪60年代，关于学生成绩的国际研究证实了这一显而易见的事实。从那时起，大多数（甚至几乎全部）关于学校教育改革的研究都会直接或间接涉及学习机会的讨论。

专业学习共同体致力于帮助所有学生获得相同且重要的知识和技能，所有教师的教学应保持一致。这里需要重申的是，专业学习共同体的第一原则便是教育工作者应致力于帮助所有学生学习。因此，专业学习共同体的教师在教学中面临的首个问题便是“应教授什么内容？”。可以真正保证学校课

① “学习机会”是20世纪60年代教育文献中出现的影响或解释课堂教学效果的一个重要变量。——译者注

程质量的唯一方法是，授课教师应合力做到以下几点：

- 预先研究课程体系；
- 就课程优先顺序达成一致；
- 明确如何让学生从课程中汲取知识和技能；
- 制定总体课程进度的指导方针；
- 承诺实际教学与预先商定课程一致。

如果学校制定出真正可行的课程安排，那么教师必须对此达成共识并在实际教学中进行落实。关于第二个关键问题“如何知道学生是否在学习？”，专业学习共同体可以监督课程设置是否明确落实到位。这些措施不仅确保教师向学生传授知识，更重要的是，保证学生能够真正学有所获。简言之，专业学习共同体协作团队的工作是为了确保学生能够真正接触到那些明确可行的课程。

值得注意的是，明确且可行的课程这一概念由两部分组成：“明确”是指不论教师分配的班级如何，要保证同一年级同一课程的教师教授的是同一内容；“可行”是指学校要安排足够的教学时间让学生学习这些内容。

只有可行的课程设置才能保障课程质量。虽然这看起来是显而易见的事，但是，长期以来的研究都指出许多学校和学区的课程并不符合可行性标准。例如，在20世纪90年代末，当国家和各州设立的标准达到峰值时，美国中部教育与学习研究所（Mid-continent Research for Education and Learning, McREL）的研究人员估计，14个主要地区的实际教学时间比规定时间少了71%。在此之后，国家和各州开始设法对课程内容进行精简。为实现这一目标，共同知识核心项目（Common Core of Knowledge）做了很多研究。该项目提议各州使用共同标准，相较于各州单独开发、修订自己的标准而言，这一提议具有明显优势，包括但不限于减少各州每次改变或更新标准所花费的资金。如果使用一套共同标准，这些州只需同时更新一次即可。

尽管这个项目产生了显著成果，但那些希望通过专业学习共同体开展可行课程的学校和学区仍面临一些相同的历史遗留问题。我们一起看一下共同核心标准针对四年级学生制定的英语语言标准。按照标准，学生需要在书面语和口语中掌握标准的英语语法和习惯用语，能够：

- 使用关系代词（who, whose, whom, which, that）和关系副词（where, when, why）。
- 运用动词的进行时（例如：I was walking ; I am walking ; I will be walking）。
- 使用情态动词（例如：can, may, must）表达各种情况。
- 掌握形容词在句中的常规排序（例如：a small red bag而不是a red small bag）。
- 掌握介词短语的组成和运用。
- 创造完整的句子，指出并改正不当之处和错误内容。
- 正确使用容易混淆的单词（例如：to, too, two; there, their）。

当我们把这些要求视为一个整体，尤其是考虑到学生的写作和口语水平时，即使对这个标准进行粗略的分析，也会发现其中包含很多难以实现的要求（在第六章中，我们将对单一测试中知识点过多可能导致的问题进行深入分析）。如果我们想一下共同核心标准的标准数量，就会明显注意到标准的元素过多的问题。仅针对四年级的学生，共同核心标准就设立了43项要求，其中许多要求与上文的例子相似。试想一下，忙碌的四年级教师一个学年只有36周或者说180天教学日，在这种情况下，教师要帮助学生达到43项标准。这个目标即使有可能实现，也是一项不容乐观的工作。

简而言之，尽管共同核心标准的初衷是好的，并且在朝着正确的方向努力，但它并没有解决教师们面临的实际问题：如何制定一种真正称得上可行的、在现有课时体系内能充分实现的课程标准。

在专业学习共同体中开发明确且可行的课程

专业学习共同体的基本原则是开发明确且可行的课程。在第一章中，我们明确了专业学习共同体的三大驱动理念，其中第一个理念是：学校的根本目的是确保所有学生进行高水平学习。为了实现这一目的，教育工作者必须清楚所有学生应掌握的知识、技能和品行。这一点正是制定明确且可行的课程的前提工作，如果这一工作顺利开展，它将确保不同课程和不同年级有特定的教学内容，并且所有教师的教学将保持一致。

开发明确且可行的课程高度符合专业学习共同体的第三大理念。为明确学生是否在学习并对学生的需求做出恰当反应，教育工作者必须以结果为导向。设立SMART目标至关重要，以特定方式构建明确且可行的课程可以极大地推进SMART目标的制定工作。我们将在第六章对此展开讨论。

最后，明确且可行的课程对教师领导力是一个重要概念。对预期结果有清晰的认识是实现有效领导的基本要素。优秀的领导者清楚他们想要的结果是什么。优秀教师和平庸教师之间的主要区别之一是，优秀教师十分清楚“学习目标和成功课程的标准”，因此他们能够持续监督学生是否朝着预期结果稳步前进。当共同体团队开发明确且可行的课程体系时，团队所有成员都应达到有效领导力的先决条件，即明确要完成什么工作、达到什么目标。

在这个过程中，需要考虑到很多因素，包括：明确目标的性质、确定适当的目标规模、明确合适的目标数量、确定学生的知识水平、设计能力等级量表等。

判定目标的性质

开发明确且可行的课程，首先要确定的是学校各年级课程或学科领域至关重要的内容。学校教育工作者，甚至专业学习共同体团队人员在提到这些重要内容时经常会使用各式各样的术语。具体来说，目标、学习目标、教育目标、教学目标、学习目的、基本要素等术语经常被用来表示相同的事情。学校或学区使用什么术语并不重要，然而，正如我们在第二章中提到的，重要的是同一个学校或学区的教育工作者要建立一种共同话语，并对使用的术语达成共识。为了推广共同话语，在本书中，我们倾向于使用“目标”（objective）一词来指代所有学生必须掌握的学习内容。在其他著作中，鲍勃使用“目的”（goal）、里克·杜富尔等人使用“基础学习”（essential learning）来指代本书中的“目标”（objective）。下面我们简单讲一下术语的词源，这有助于我们理解它们多样的使用方式。

20世纪上半叶，拉尔夫·泰勒（Ralph Tyler）使教育工作者意识到了制定目标的重要性。泰勒的主要观点是，教育工作者应该设立目标，为学生预期学习效果评估提供明确的参考。在此之前，教育工作者通常将一般类别的知识作为教学目标，比如天气知识或第一次世界大战知识，而泰勒认为我们需要将目标细分。克拉斯沃尔（Krathwohl）和佩恩（Payne）从三个层次对目标作了进一步细分：整体目标、教学目标和教育目标。正如马扎诺和肯德尔（John S. Kendall）所论述的，整体目标是最普遍的、最广泛的目标内容，例如“学生能够应用关于优质写作的基本原则”。教学目标（有时称为行为目标）是三种类型中最为具体的一种。在《教学目标的准备》（*Preparing Instructional Objectives*）一书中，罗伯特·马杰（Robert Mager）确立了实现优质教学目标的三个要素：

1. 表现——教学目标应明确学习者被期待能够做到哪些表现；可以适当描述表现内容或产生的结果。

2. 条件——教学目标应描述激发优秀表现的重要条件（如果存在的话）。

3. 标准——教学目标应尽可能详尽地阐明达到目标的标准，来确定学习者必须表现到什么程度才能被认为是可接受的程度。

为了说明这一点，马杰提供了一个合格的教学目标的例子：

在不使用计算器的情况下，学生能够在10分钟或更短的时间内完成10道两位数竖式加法，并且正确率达到80%及以上。

就具体程度而言，教育目标处于三个目标的中间位置。同教学目标一样，教育目标也会阐述具体的表现（不像马杰的那般具体），但教育目标没有具体的条件或标准。以下是一个教育目标：

学生能够计算出两位数竖式加法，并且没有出现任何严重的错误或遗漏。

我们建议，专业学习共同体协作团队使用教育目标作为重点学习内容的通用描述，然后，当他们描述所有学生都应该掌握的具体知识和技能时，就要使用类似马杰描述两位数竖式加法的样式来阐述学习目标，表达他们的教学期望。

确定适当的目标规模

协作团队在制定目标时需要考虑的一个重要问题是目标的“规模”。“规模”是指设定的目标中包含多少信息和技能。正如波帕姆（W. James

Popham）所描述的：

> 教学目标的规模是指教师期望学生能力可以覆盖的范围。如果要求学生能够写出原创、优质且有说服力的文章，这就是一个大教学目标，学生们可能要花费一学期才能实现这一重要的教学成就。小教学目标一般不会对教学成果提出很高的要求，可能只要求学生能够正确拼写一套“拼字游戏”中的所有单词，学生可能在一节课内就能实现这一目标。

波帕姆强调，目标的规模不能太小，他以拼写单词为例论述了他的担忧。他解释道：“20世纪60年代，许多行为目标的支持者最终提出了太多的小教学目标，以至于压垮了全国的教育工作者。这是一个严重的错误。”

为了制定适合的教学计划、课堂评估和学生反馈，专业学习共同体团队必须使教学内容的知识类型与目标相匹配。一般来说，教学内容可以分为三

表5.1　三种知识类型

知识类型	主要范畴	子范畴
信息型	概念组织	原理 概括
	细节	时间序列 事实 术语
智力活动型	过程	宏观程序
	技能	技巧 算法 单一规则
意识活动型	过程	复杂组合程序
	技能	简单组合程序 基本程序

种类型的知识：信息型、智力活动型、意识活动型。表5.1对这三种知识类型进行了比较，每一种都包含两个主要范畴和一个或多个子范畴。马扎诺和肯德尔对这三种知识类型进行了详细的描述。

信息型知识也被称为“陈述性知识”，包括“概念组织”和“细节”两大范畴。“概念组织”包括“原理”和“概括”，“细节”包括“时间序列、事实、术语”。这五个子范畴在表5.2中有详细解释。

按照波帕姆的论述，目标不应过于微小，但是要具体到足以为教师提

表5.2 信息型知识

概念组织
原理：描述关系的概括类型。具体而言，与学校教育相关的陈述性知识有两种类型的原理：因果原理和相关原理。 因果原理：表达了一种因果关系。例如“肺结核是由结核杆菌引起的”就是因果原理。认识因果原理还包括认识因果体系中的具体要素和这些要素之间的相互关系。也就是说，要理解肺结核与结核杆菌的因果原理，就必须理解所发生事件的顺序，以及所涉及要素和要素之间的相互关系。对因果原理的理解涉及大量的信息型知识。 相关原理：描述的关系未必存在因果逻辑，但一个因素的变化会引起另一个因素的变化。比如，以下就是一条相关原理：“妇女患肺癌人数的增长与妇女吸烟人数的增长成直接正比。”为了理解这一原理，学生必须了解吸烟与肺癌增长数字的具体细节，包括二者关系波动的一般模式，即患肺癌女性数量的变化速度与吸烟女性数量的变化速度是否相同。 这两种类型的原理有时会和“时间序列”子范畴中的“因果序列”相混淆。因果序列适用于一种特定的具体情境，而原理适用于普遍语境。比如，南北战争的多个原因合在一起体现出一个因果序列，它们只能适用于南北战争。然而，将肺结核与结核杆菌联系在一起可以运用在许多不同的情境和不同的人身上，医生利用这一原理来判断各种各样的诊断情况和各种病患。“原理”和“因果序列”的关键区别在于，原理能够在大量的情境中找到例子，而因果序列则不能，

（续表）

它只适用于一种情境。
概括：概括指的是可以通过例子进行具体化的陈述。例如，“美国总统通常来自富有或有影响力的家庭”是一个概括知识，我们可以举出相关例证。有些概括很容易和“事实”混淆。“事实”包括具体的人物、地点、有生命和无生命的物体以及各种事件的特征，而“概括”则包括各种不同类型的人物、地点、有生命和无生命的物体以及各种事件的特征。例如，“我的狗塔菲是一只金毛猎犬”是陈述事实，而“金毛猎犬都是好猎手”则是概括。此外，“概括”能确定抽象事物的特征，抽象的信息知识一般用概括的形式来陈述。下面列举了各种类型的概括： • 人物（例如，“成为一名消防员至少需要经历两年的训练。”） • 地点（例如，“大城市的犯罪率更高。”） • 有生命和无生命物体（例如，“争论的焦点是控枪问题。”） • 事件（例如，“超级碗是每年最重要的体育赛事。”） • 抽象概念（例如，“爱是人类最强大的情感之一。”）
细节
时间序列：时间序列指两个时间点内发生的重要事件。例如，从1963年11月22日肯尼迪总统遇刺到1963年11月25日肯尼迪总统下葬之间发生的事件在大多数人的记忆中都是按时间顺序排列的：首先发生了一件事情，接着又有一件，然后又发生了一件。时间序列可以包括具有因果关系的某些事件。 **事实：**一种非常具体的信息知识。事实描述了具体人物、地点、有生命和无生命的物体以及各种事件。它们通常传递以下信息： • 一个具体的、真实的或虚构的人物（例如，“罗宾汉这一虚构人物最早出现在14世纪初的英国文学中。”） • 一个特定地点（例如，“丹佛位于科罗拉多州。”） • 具体的有生命和无生命的物体（例如，“帝国大厦有100多层楼高。”） • 特定事件（例如，“比萨斜塔始建于1173年。”） **术语：**术语是信息型知识最为具体的层次。理解术语意味着从总体上理解词语意义。例如，当学生从术语体系层面理解知识系统时，他/她对这个词的意

（续表）

思会有一个总体认识，对它的含义没有严重误解。把课堂内容组织成术语就是把知识分散为独立的词语与短语。通常，在教学实施之前，应假设学生对术语的含义有着正确但并不深入的理解。

来源：改编自《教育目标的新分类学（第2版）》【*The new taxonomy of educational objectives (2nd ed.)*】

供明确的指导。我们建议在“概念组织”层面明确信息型知识目标，具体而言，信息型知识目标通常应以“原理”或“概括”的方式陈述出来，比如：

学生能够论述使人们陷入药物滥用风险的具体条件。

显然，这个概括可以扩展出很多细节，比如哪些类型的药物在被滥用。然而，如果将信息型知识目标的细节全都陈述出来，会导致每个年级制定过多的小教学目标。因此，我们不建议过于细节化。

表5.1中的第二种知识类型是智力活动型。这类知识的两个主要范畴是“过程”和“技能”，表5.3对此进行了说明。

“智力过程”可以看作是宏观程序的非专业措辞。如表5.1所示，宏观程序没有子范畴，智力过程则包含许多相互作用的成分，并且性质较为复杂。例如，写作是一个包含许多技能的智力过程，包括全文逻辑构建、段落转换，还包括各种单一规则程序，比如句子首单词大写、段落缩进、句尾使用适当标点符号等等。

如果要为特定的教学单元制定目标，通常不建议将重点放在宏观程序上，因为它涉及过多的交互组成部分。例如，以下是一个关于写作知识的宏观程序目标：

学生能够根据他们选择的主题写一篇有说服力的文章。

表5.3 智力活动型知识

过程
宏观程序：“宏观”这一修饰语意味着活动过程通常是高度复杂的，涉及许多方面，需要进行管理。下面是程序活动的一些范例：阅读书中的某个章节并进行总结；设计一个用于在网上搜索信息的新系统，并将信息存储于一个覆盖多个类别的公共数据库；写一篇特定主题的研究论文，等等。宏观程序的实现通常可以有多种不同的办法。宏观程序通常包括“技巧”“算法”和“单一规则”。
技能
技巧：技巧通常也被称作策略，是实施智力活动的一般方法。技巧远不如宏观过程那么复杂，不是由按特殊顺序来执行的一系列步骤构成。例如，读懂柱状图的技巧可能是：阅读标题、识别纵坐标的变量、识别横坐标的变量、确定坐标轴度量等等。与宏观程序不同的是，这些步骤并不需要按照特定顺序进行。 **算法：**算法是一种思维推演。一旦学会这些算法，它们在运用中通常不会有太大变化，因为算法通常有特定的结果和步骤。例如：多位数竖式减法和多位数竖式加法都是算法。一旦学生巩固掌握了一套步骤，他/她每次都会以相同的方式或顺序执行这些步骤。 **单一规则：**最简单的智力活动类型是单一规则型，或者是没有其他伴随步骤的一小套规则。单一规则的智力活动通常成套使用。例如，如果学生知道句子主谓一致的三条规则，并且清楚地知道句子之间的关系，学生就会在写文章时运用它们。

虽然这是一个不错的教学目标，但它没有明确说明该单元将涉及哪些重要的写作内容，所以它对于特定的教学单元来说过于宽泛。学生或许能在段落之间进行良好的过渡（这是写作过程的一个组成部分），但是不能使用优质的描述性词汇（这是写作过程的另一个组成部分）。因此，当设计智力活动的单元目标时，协作团队应专注于特定的技巧。比如，一个单元目标是“学生能够建立中心思想”，下一个单元目标是“学生能够添加描写性细节以支撑其中心思想”，第三个单元目标是“学生能够证明他们可以很好地实现

一篇说服性作文的段落过渡”。随着时间的推移，这些特定单元目标的成功实现可以引导学生完成一个宏观程序目标，即“写出一篇有说服力的优质文章”。我们将在本章后续部分详细探讨这个设计。

虽然技巧可以很好地实现智力活动的目标，但单一规则知识却不适合过于细节。例如，针对标点符号的具体使用制定目标会适得其反。

表5.1的第三种知识类型是意识活动型，包含“过程”和“技能”两大主要范畴。表5.4对此进行了说明。

表5.4 意识活动型知识

过程
复杂组合程序：像宏观程序一样，复杂组合程序包括以协调一致的方式实现特定目标的各种技能。例如，在专家级坡道上滑雪是一个复杂组合过程。滑雪者必须能进行不同类型的转弯，同时注意控制速度，这些都需要使用到一些基本程序，如保持平衡、转移重心等等。
技能
简单组合程序：简单组合程序通常是复杂组合程序的组成部分。例如，在专家级坡道上滑雪这一复杂组合程序由一组简单组合程序构成，如渐进式左右转、左右急转弯、左右跳转、障碍躲避等程序，每一个在一定程度上都是独立的，因为它们有各自的功能以及与之相关的特定技术。然而，在复杂组合程序中使用时，它们都是整体程序中的一部分，必须按时间线对它们进行管理，即在特定时刻采取适当或必要的行动。 **基本程序：**这是最基本的意识活动类型，是日常活动中的常用程序，如手臂稳定性、手臂灵活性、眼手协调、肢体运动速度等等。虽然这些技能通常不需要教授，但如果想要有效地组成某个简单组合程序，执行者就必须以高精准度或高速度来使用这些技能。

如表5.4所示，意识过程在技术上被称为复杂组合程序。如同智力活动的宏观程序一样，它们包含许多相互作用的成分，比如打篮球时进行防守，

或将一组特定动作组合成舞蹈等都是意识活动的例子。“技能”包括“简单组合程序”和“基本程序”。例如，篮球防守时，简单组合程序就是尽量把两脚分开，从一边向另一边横向移动，一只手高举防止对手投篮，另一只手放低干扰对手运球。基本程序是在执行简单组合程序时所使用的最基本的动作，例如，在地板上横向移动的同时，保持双脚分开或保持手举起来。

就像智力活动一样，意识活动的目标不应该以复杂组合程序的方式陈述出来，因为它们过于宽泛。例如，“学生在打篮球时能够进行有效防守”这个目标过于笼统。学生可能很擅长横向移动，但他/她可能不擅长处理进攻方的多人挡拆。因此，目标的最佳设定方式是简单组合程序，例如，体育老师可以设立以下目标：

在篮球比赛防守对手时，学生能够进行有效的横向移动。

同时需要指出，如果在基本程序层面上编写目标，比如“举起手”和“放下手”，显然会使得目标细节的数量过多。

判断合适的目标数量

如果专业学习共同体协作团队希望设计明确且可行的课程体系，首先应该确立一组可行的目标。这一过程的关键在于：要准确定义什么样的目标构成是可行的。波帕姆在关于目标的研究中建议：一个季度应设立2—3个目标，一年只设立10个或更少的目标。这一建议非常合理，在这种情况下，协作团队可以专注于学生学习最困难的方面。通过分析国家测试、基准测试甚至日常测试，团队可以确定这些方面的内容。

总的来说，我们认为波帕姆给出了明智的建议，尤其是对于早期课程团队协作而言。如果协作团队从制定相对较少的目标开始，专业学习共同体制定的明确且可行的课程就能够得到最大限度的实现。在教师熟悉了本章和第六章中论述的目标设计和评估策略后，他们就应该进一步阐明特定年级、特定课程的目标内容。例如，表5.5是一份八年级科学课程的目标说明。

值得注意的是，在表5.5中，目标是按照专题组织的。例如，目标1和目标2统归于“大气过程和水循环”这一主题，目标3和目标4统归于“地球的组成和结构”这一主题。此外，主题也归于不同的部分。例如，“大气过程和水循环”“地球的组成和结构”和“宇宙的组成和结构以及地球在其中的位置”这三个主题都属于“地球和空间科学”。最终，明确且可行的课程的完整陈述会产生一套详细目标，使教学和评估更加方便。

表5.5　八年级科学课程目标

第一部分：地球和空间科学
大气过程和水循环 目标1：学生能够阐述气候模式如何受水循环及其过程影响。 目标2：学生能够说明地球大气各个层次（对流层、平流层、中间层和热层）如何受到温度和大气压的影响。
地球的组成和结构 目标3：学生能够描述组成地球的独特圈层，以及各个圈层的相互影响。 目标4：学生能够描述塑造地形的建设性和破坏性力量。 目标5：学生能够说明岩石循环的每个阶段（岩浆岩、沉积岩和变质岩之间的转换）。
宇宙的组成和结构以及地球在其中的位置 目标6：学生能够解释地球和月球的轨道如何产生和改变日、年、月相、日食和月食、潮汐和阴影等现象。 目标7：学生能够列出太阳系中每个行星的本质特征，并对它们进行比较。 目标8：学生能够模拟太阳和太阳系中的行星如何相互作用。 目标9：学生能够解释不同天体的独特性质和本质要素。

（续表）

第二部分：生命科学
遗传原理和相关概念 目标10：学生能够区分有性或无性生殖特征（物理过程、遗传特征和突变风险）。 目标11：学生能够阐述遗传特征（疾病、遗传性动作能力和外貌）影响生物的不同方式。
细胞和有机体的结构和功能 目标12：学生能把细胞分裂和分化的特定过程与正确的原核生物或真核生物相匹配。 目标13：学生能够根据多细胞有机体的用途对细胞进行分类。 目标14：学生能够描述细胞、组织、器官和器官系统如何产生并相互影响。 目标15：学生能够描述人类与生态系统之间的因果关系。 目标16：学生能够解释食物链和食物网是如何运作的，以及它们在生态系统中的位置。 目标17：学生能够阐述生态系统如何循环转化物质。
生物进化与物种多样性 目标18：学生能够描述生命起源理论的关键组成部分，以及这些理论对当前事件和日常生活的不同含义。 目标19：学生能够解释自然选择如何促进统一性和多样性。
第三部分：物理科学
物质的结构和性质 目标20：学生能够描述敞开、封闭和孤立热力学体系中的独特元素，并对它们进行大致的比较。 目标21：学生能够描述物质处于不同状态的特征。 目标22：当给出元素的组成、原子序数、熔点和沸点时，学生能够说出它的名字并对其进行归类。
能源性质的分类 目标23：学生能够将给定的能量分类为重力能、化学能、机械能或核能。 目标24：学生能够发现关于运动、辐射、热能和声音的定义表述中的错误。 目标25：学生能够描述地热能、水力发电、风能、太阳能、海洋能源和氢能的特征，以及它们被称为可再生能源的原因。

（续表）

力和运动
目标26：学生能够解释力和摩擦力等因素如何影响物体的运动。 目标27：学生能够描述电与磁之间的关系。 目标28：学生能够解释质量和距离如何影响引力。
第四部分：科学的本质
科学探究的本质 目标29：学生能够设计并进行多个以复制为重点的实验。
科学事业 目标30：学生能够把具体的科学进展与提出该发现的科学家相匹配。 目标31：学生能够说明科学如何引发伦理问题，并理解这些问题是什么。

来源：改编自马扎诺的《如何设计与教授学习目标与目的》（*Designing and teaching learning goals and objectives*）

主题是程序性知识的最终焦点

在表5.5中，目标分类的主题是广义范围的主题。通常，信息内容的主题只是组织工具。例如，“细胞和有机体的结构和功能”这个主题包含六个目标：

- 目标12：学生能把细胞分裂和分化的特定过程与正确的原核生物或真核生物相匹配。
- 目标13：学生能够根据多细胞有机体的用途对细胞进行分类。
- 目标14：学生能够描述细胞、组织、器官和器官系统如何产生并相互影响。
- 目标15：学生能够描述人类与生态系统之间的因果关系。
- 目标16：学生能够解释食物链和食物网是如何运作的，以及它们在生态系统中的位置。
- 目标17：学生能够阐述生态系统如何循环转化物质。

这六个目标与整个主题相关，但并不依赖主题而存在。相反，掌握这六个目标代表理解了六个局部的知识模式。对于智力活动和意识活动而言，主题通常代表更为紧密的知识合集。

举例来说，假设某年级已经确定了语言艺术课的目标主题为“撰写优质的说明文”。正如我们在上文讨论中提到的，写一篇优质说明文可以被认为是一个宏观程序。我们之前还提到宏观程序（智力活动）和复杂组合程序（意识活动）不能形成有效的单元目标描述，因为它们太宽泛，无法对学生提供具体的指导。然而，宏观程序和复杂组合程序可以产生优秀的主题，进而再细化为更具体的目标流程。例如，在“撰写优质的说明文”的总体主题（宏观程序）下，一个协作团队可以确定以下更具体的目标：

- 学生能够在说明文中清晰地陈述论点，并通过论据和限定词来限制论点讨论的范围。
- 学生能够实现说明文不同部分、不同段落之间的顺利过渡。
- 学生能够在说明文中正确使用主谓一致和代词。
- 学生能够在说明文中选择简洁且能传达准确信息的词汇。
- 学生能够在说明文中注意句子首字母大写，并在句尾使用适当的标点符号。

这些都是技能层面的目标。通过将这些目标归类于“撰写优质的说明文”这一主题，教学团队可以向特定年级的学生说明，掌握这五种技能是撰写优质说明文的必要条件。因此，尽管某些特定单元的重点只是掌握其中一个目标，但教学重点是从一开始就让学生理解整个写作过程，最终让所有学生都能运用目标中明确的五种技能写出优质的说明文。

明确知识层次

一旦协作团队确定了目标，下一步就是明确每个目标的知识层次，这是基于学习进程研究的内在要求。

学习进程（也称为学习顺序和学习层次）将知识内容按照复杂度和概括性递进排列。理想情况下，学习进程中的每个元素都是理解下一元素或下一阶段所必需的。建立明确学习进程的专业学习共同体团队是有效领导的典范，就像所有伟大的领导者一样，他们“知道把需要精通的事情分成清晰、具体且可实现的小目标的重要性。他们把复杂的任务变成简单的步骤，把长期任务变成短期任务，把模糊任务变得清晰具体”。

当然，按照某些顺序进行课程安排的理念以前也有。例如，在20世纪60年代，科学课就基于加涅（Gagne）提出的概念框架，按照一定顺序的过程技能进行组织。然而，正如杜施勒（Richard A. Duschl）、施温格鲁伯（Heidi A. Schweingruber）和肖斯（Andrew W. Shouse）所言：

> 这里提出的“学习层次”着重培养的是学生在知识领域内的过程构建能力，而不只是建立科学的概念框架。“学习层次”对教师和课程开发人员有一定的吸引力，因为它们将复杂的任务拆成更简单的元素，以一定的顺序发展14项基本科学过程技能，并为孩子们准备了许多具体练习来锻炼这些技能，从而为建立科学思维奠定基础。但它们忽视了意义、内容和语境的关键作用，将科学视为一系列无实体的“技能”，所以常常被当作毫无意义的程序来执行。

杜施勒、施温格鲁伯和肖斯还指出：

> 最初，加涅有过将科学视为无内容的过程集合的构想，这

遭到了科学教育者的反对，但应该看到，他的想法在政策和实践中都有所贡献。许多教科书和课程文件中仍然有关于科学探究、科学过程或科学方法的单独章节，许多教师将这些过程、教学技能和探究技巧与他们课程的概念内容进行分开授课。

实际上，杜施勒和他的同事们提醒我们，虽然有时课程内容是按顺序排列的，但它并不一定代表了真正的知识进程。

目前所有关于学习进程的研究都假设：学习任何单一维度的复杂知识都需要从基本内容过渡到更为复杂的内容。为了说明这一点，琼·赫尔曼（Joan Herman）和基尔·崔（Kilchan Choi）十分详细地描述了一个关于浮力知识的学习过程。以下是他们对学生理解程度的排列（从高到低）：

- 学生知道物体能够漂浮是因为物体的密度小于介质。
- 学生知道物体能够漂浮是因为密度小。
- 学生知道物体能够漂浮是因为质量小而体积大。
- 学生认为物体能够漂浮是因为尺寸小、重量低或数目少，或者是因为物体是由特殊材料制成。
- 学生认为物体能够漂浮是因为物体是平滑的、中空的、充满空气的或者具有一些洞。

如果学生对于浮力有实质性了解，老师可能会跳过或缩略部分内容。如果一个学生对浮力相关的知识了解非常少，老师可能会更为详细地讲述这部分知识。

不同学科课程开发人员的目标当然都是针对课程内容设计学习进度。在未来，当每个主题、学科和年级的学习进程都明确时，这些目标就可以实现。在现阶段，马扎诺建议，将过程能力分为三个等级就足够为教师和学生提供关于教学和评估的清晰指导。这三个等级很容易体现在能力等级量表中。

能力等级量表构建的首要任务是明确下来比既定目标更简单或更次要，以及比既定目标更复杂或更高级的内容。我们来看一个由二年级教师组成的协作团队设计的科学课目标：

> 学生能够描述和举例说明不同植物和动物生存所需的条件。

这是思想组织层面的信息型知识。接下来，协作团队阐明了相较于目标更简单或更次要的内容，例如：

- 学生能够回忆起具体的术语，如植物、动物和生存。
- 学生能够回忆以下关于生存条件的细节：植物和动物都需要食物、空气和水才能生存。植物通过根和叶子吸收营养和空气，动物用呼吸系统（肺）和消化系统吸收营养。

这些信息属于细节知识。最后，协作团队将更复杂或更高级的内容与目标联系起来，例如：

> 学生能够比较和对比植物和动物呼吸和吸收营养的不同方式（例如，就下列现象进行比较和对比：植物用根和叶子吸收空气和食物，而动物用肺呼吸空气，用消化系统吸收营养）。

一旦协作团队确定了过程目标及相关的更难和更简单的内容，他们就能轻松构建能力等级量表。

设计能力等级量表

我们推荐的能力等级量表通用模式如表5.6所示。

表5.6　能力等级量表通用模式

4.0分	掌握了更复杂的内容
3.5分	除了达到3.0分的要求之外，成功掌握了4.0分的部分内容
3.0分	实现了既定目标
2.5分	在2.0分内容方面无重大错误或遗漏，且成功掌握了3.0分的部分内容
2.0分	掌握了简单的内容
1.5分	成功掌握了2.0分的部分内容，但是在3.0分的内容中存在错误或遗漏
1.0分	在外界帮助下，成功掌握了2.0分的部分内容和3.0分的部分内容
0.5分	在外界帮助下，掌握了2.0分的部分内容，但未掌握3.0分的内容
0.0分	即使有外界帮助，仍未取得成功

来源：改编自马扎诺的《如何设计与教授学习目标与目的》

要理解这个能力等级量表，首先应考虑得分3.0的情况，它涉及协作团队设立的目标。借用上文的例子，在能力等级量表中得分为3.0的目标是“学生能够描述并举例说明不同植物和动物生存所需的条件”。

接下来要考虑得分2.0的情况，它涉及协作团队确定的更为简单的内容。借用上文的例子，这个分数对应的内容包括关于植物和动物的术语和具体的事实。4.0分包含了协作团队确定的更为复杂的内容。在上述例子的情况下，它指的是关于植物和动物之间比较和对比的内容。

协作团队应将知识等级划分为目标、简单的内容和更为复杂的内容，这是能力等级量表的重要内容，它们构成了对应2.0分、3.0分和4.0分的不同等级。量表中剩下的分数都与这三个等级的知识有关。为了说明这一点，表5.7中展示了一张完整量表。

表5.7 “生存知识”目标能力等级量表

4.0分	学生能够比较和对比植物和动物呼吸和吸收营养的不同方式（例如，比较和对比植物用根和叶子吸收空气和食物，而动物用肺呼吸空气、用消化系统吸收营养）
3.5分	在掌握3.0分的知识之外，成功掌握了4.0分的部分内容
3.0分	学生能够描述和举例说明不同的植物和动物生存需要什么条件
2.5分	在2.0分内容方面无重大错误或遗漏，且成功掌握了3.0分的部分内容
2.0分	学生能够回忆起具体的术语，如植物、动物和生存； 学生能够回忆关于生存的细节，例如：植物和动物都需要食物、空气和水才能生存。植物通过根和叶吸入空气和营养。动物用呼吸系统（肺）和消化系统吸收营养
1.5分	成功掌握了2.0分的部分内容，但在3.0分的内容中存在错误或遗漏
1.0分	在外界帮助下，成功掌握了2.0分的部分内容和3.0分的部分内容
0.5分	在外界帮助下，掌握了2.0分的部分内容，但未掌握3.0分的内容
0.0分	即使有外界帮助，仍未取得成功

来源：改编自马扎诺的《如何设计与教授学习目标与目的》

在表5.7中，2.0分、3.0分和4.0分分别包含了协作团队确定的三个等级内容，其他等级不包含新内容。例如，3.5分表明学生的能力在2.0分和3.0分之上，并且掌握了部分4.0分的内容。2.5分表示学生的能力在2.0分之上，并且掌握了部分3.0分的内容。1.5分表示学生掌握了部分2.0分的内容。1.0分不涉及新内容，它表明学生在没有帮助的情况下，几乎不能掌握量表中的任何内容，如果得到一些帮助和指导，就能掌握部分2.0分和部分3.0分的内容。得分0.5表明，在一些帮助和指导支持下，学生能掌握部分2.0分的内容，但是不具备得到3.0分的能力。最后，0.0分表明，即使有外界帮助和指导支持，学生也不具备掌握能力等级量表中任何知识的能力。

在第六章中，我们将展示专业学习共同体如何利用能力等级量表作为持续监督学生进步的驱动力。

结 论

美国传统的课程设置方法并不适用于教师和学生，这种方法导致课程过多。一项由全国州长协会（National Governors Association）、首席州学校官员理事会（the Council of Chief State School Officials）和Achieve股份有限公司（Achieve, Inc.）共同开展的研究发现，那些成绩优异的国家会限制学生应该学习的科目数量，并且会制定明确、严格和连贯的标准课程。相比之下，"美国州立的各年级课程标准通常包括大量主题，即使是基础的一二年级也是如此，这导致美国的课程内容往往是'宽达一里，深仅一寸'"。正如另一项关于美国课程的研究所指出的：

> 美国各州制定的各年级标准比其他任何国家都多，美国教师要教授的课程主题比任何其他国家的教师都广泛……教师被要求向学生教授丰富的知识，但并不深入讲解这些知识……美国教师的目标是粗浅地教授35个知识点，而不是深入教授10个。

专业学习共同体协作团队必须从大量的主题列表中制定出明确可行的课程，且课程要始终专注于学生的学习成果，这一点对专业学习共同体的建设至关重要。

然而，明确学生必须学习的内容知识只是建立专业学习共同体的一个步骤，团队还必须有具体的工作流程来及时监测每个学生的学习情况。我们将在第六章讨论这个话题。

| 第六章 |

持续监测学生学习

监测对学生学习整体上呈线性影响。监测越多，学生进步越多。有效的监测不仅关注考试成绩，还关注考试成绩背后的教学行为。

——道格拉斯·李维斯（Douglas Reeves）

第五章描述了如何制定出明确且可行的课程安排，在此基础上，专业学习共同体协作团队就能完美地系统监测学生学习。保罗·布莱克（Paul Black）和迪伦·威廉（Dylan Wiliam）将持续监测学生学习的重要性带到了美国的教学前沿。在分析了超过250项关于形成性评价的研究结果后，他们得出以下结论：形成性评价确实能够改善学习。

要想激发形成性评价的潜力，学生、教师和行政人员的评估方法必须进行概念性的转变。与其把对学生的个人评估视为衡量学生能力的绝对指标，不如将其看作是在某个特定时间点上，对学生朝向特定目标前进的“快照”。在一个教学单元的开始，学生可能还没有接近预期目标，到教学单元结束时，学生则可能已经超过了原有目标。

假如一个专业学习共同体已经为学生设计了如第五章所述的能力等级量表，那他们就可以轻松地追踪调查学生的进步情况。图6.1证明了这一观点，它展示了一个学生在作文过渡句相关的四次评估中获得的分数。

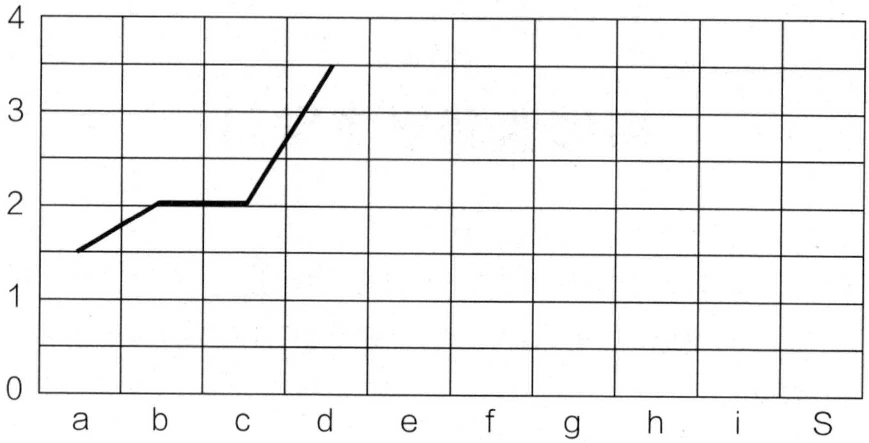

图6.1　学生在特定教学目标上取得的进步

图6.1中的纵轴表示第五章中描述的0.0分至4.0分，横轴表示对教学目标的评估。目前共进行了四次评估，即评估a至评估d。在第一次评估中，学生得了1.5分；在第二次评估中，学生得了2.0分，以此类推。这种类型的追踪调查可以让学生看到自己随时间的推移取得的进步。在这四次评估中，一开始学生在教学目标上的得分为1.5分，最终得分为3.5分，分数增加了2.0分。这些丰富的、能够为协作团队研究学生进步提供价值的数据是形成性评价的核心。

现行评估方法的局限

为监测图6.1所述的学生进步情况，教师应该以有别于传统的方式进行评估并记录结果。在提供建议之前，让我们对比考察一下当前的教学评估方法。

当前，无论教师是独立工作还是团队合作，他们通常会设计涵盖多个知识点的课堂评估。例如，在八年级的科学课上，老师可能会设计涵盖两个知识点的评估：(1)气候模式如何受到水循环的影响；(2)地球大气层的所有层次如何受到温度和压力的影响。为方便讨论，我们假设考试中35%的分数涉及第一个知识点，65%的分数涉及第二个知识点。现在我们假设有这样两个学生，他们都在考试中得了70分。虽然他们的总分相同，但这两个学生对所学内容的理解可能有很大不同，如图6.2所示。

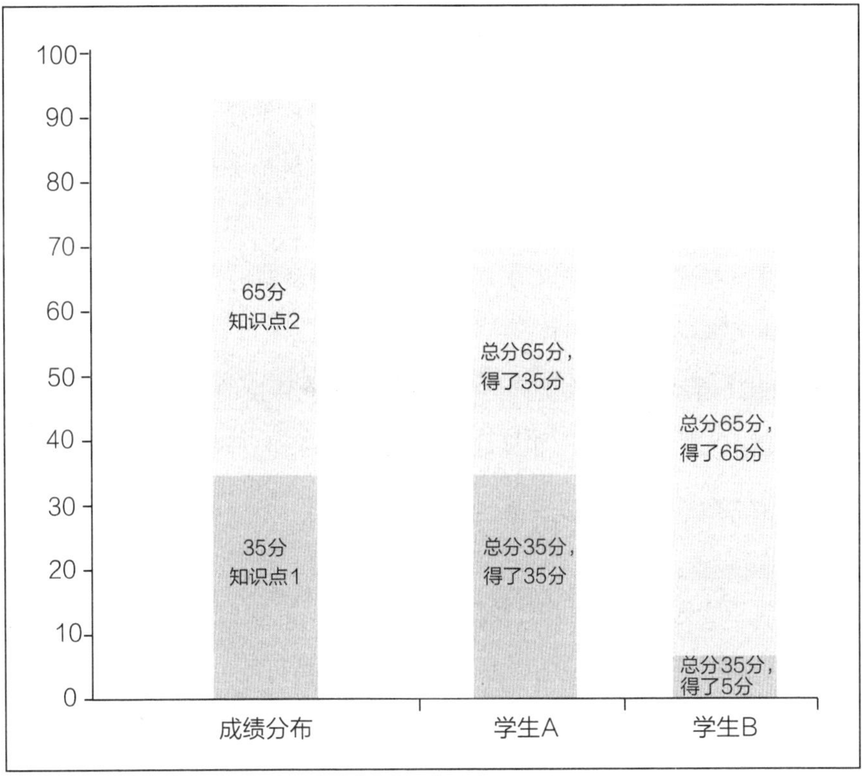

图6.2　两名考试得分为70分的学生

如图6.2所示，学生A得了知识点一的满分35分，得了知识点二满分65

分中的35分，从而得了70分。学生B得了知识点一满分35分中的5分，得了知识点二的满分65分，得分同样为70分。显然，两位学生对这两个知识点的掌握程度非常不同。学生A似乎很了解知识点一，但不了解知识点二，学生B的情况正好相反。

尽管这个测试看起来没问题，但实际上它违反了计量理论的一个基本原则：单维原则，即从评估中得出的每个分数应该只代表一个维度。约翰·哈蒂曾讨论过单维原则在评估设计中的重要性：

> 测试理论的一个基本假设是：只有当一组测试项目仅度量一个属性或维度时，一个分数才有意义。如果测量工具由测量不同维度的部分组成，那么测量结果将难以解释一组项目的总分，难以在联系变量时产生意义，也难以解释个体差异。尽管这一基本假设对于所有的测试模型都很重要，但关于这个假设的系统研究很少。时至今日，为单维原则提供一个高可信度程序的主张依旧未能实现。

如图6.2所示，设计多维评估但却仅展现所有维度的单一分数，这不能成功追踪学生进步。只有一组评估的焦点仅有一个维度时，追踪学生的学习进步才有意义。否则，一个学生可能在第二次评估中表现得更好，但得的分数却更低。

例如，假设一个数学单元涉及两个维度——其中一个维度对学生来说相当容易理解，另一个维度相当困难。第一次评估可能包括这两个维度，但主要侧重于两个维度中较容易的一个。毫不奇怪，许多学生可能会在第一次评估中获得高分。现在假设第二次评估同样包括两个维度，但主要集中在更复杂的方面，许多在第一次评估中获得高分的学生在第二次评估中可能会得到很低的分数，不是因为他们退步了，而是因为第二次评估涉及了更难的内容。

因此，多维评估在准确反馈学生进步方面产生了实质缺陷。此外，从当前的实践来看，当评估包括多重维度时，学生会把注意力集中在通过特定的考核上，而不是掌握更多的知识上。换句话说，学生关注的对象是考试成绩，他们最重要的目的是获取高分，而不是提高理解能力和技能。正如我们将在下文看到的，如果一个评估包括多重维度，那么学生应该在评估中得到多个分数。

设计与考核评估的新方法

使用第五章中提供的量表，教师可以根据量表中所阐述的内容层次来设计精确的评估。为说明这一点，请看表6.1，这是一个以遗传知识为主题的能力等级量表。

表6.1 遗传性状等级

4.0分	学生能够描述遗传性状和非遗传性状如何相互影响
3.5分	学生表现达到3.0分要求，达到部分4.0分要求
3.0分	学生能够区分遗传性状和非遗传性状
2.5分	学生能够掌握2.0分所包含知识，没有重大错误或遗漏，并且达到部分3.0分的要求
2.0分	学生能够识别关于遗传性状和非遗传性状的准确陈述和特例
1.5分	学生部分达到2.0分要求，但在3.0分要求上有重大错误或遗漏
1.0分	在外界帮助下，学生达到部分2.0分和部分3.0分要求
0.5分	在外界帮助下，学生达到部分2.0分要求，但未达到3.0分要求
0.0分	即使在外界帮助下，学生也不能达到要求

来源：改编自马扎诺的《形成性评价与基于标准的分级》（*Formative assessment and standards-based grading*）

如第五章所述，遗传性状这一主题的学习目标在量表上对应3.0分的等级。较复杂的内容对应4.0分的等级，较简单的内容对应2.0分的等级。因此，这一量表为设计评估提供了蓝图。教师可以根据该量表来分别设计针对2.0分、3.0分和4.0分的评估内容。表6.2显示了一个包括2.0分、3.0分和4.0分的评估内容。

表6.2　遗传性状主题的评估内容

A部分
1. 判断正误：所有疾病都会遗传。 2. 判断正误：如果你的妈妈害怕坐过山车，你也会被遗传害怕坐过山车。 3. 列举两个遗传特征的例子。 4. 圈出你认为可以随着时间的推移而变化的特征：鞋码，性别，历史知识，对蛇的恐惧。
B部分
5. 说出你喜欢自己的三个特征。这些特征是否属于遗传性特征？阐述你的答案。 6. 乔伊报名参加了圣诞节后的夏季拼字比赛。因为要打棒球，并且春假期间他和父母一起去了佛罗里达州，没怎么练习，所以乔伊在第一轮就输在了拼写“蜜蜂”这个单词上。比赛之后，乔伊告诉妈妈自己输了，因为他不太擅长拼字。你觉得这个理由合理吗？为什么？ 7. 西蒙的妈妈总是让西蒙和她一起去杂货店，因为西蒙可以够到架子上的物品，他几乎可以拿到她指出的所有物品。这是因为西蒙生来就高大，还是因为他练习了多次拿取高处的物品？他是否被遗传了能够拿到最上层架子上的东西的能力？请解释你的答案。
C部分
8. 血友病是一种会阻止血液凝结的遗传性疾病。这意味着，如果你被割伤或擦伤，可能会失血过多甚至有生命危险。如果你天生患有这种疾病，你将不得不避免哪些事情？你可能擅长哪些事情？你可能具有哪些其他人不具备的人格特征？请解释你的答案。

来源：改编自马扎诺的《形成性评价与基于标准的分级》

表6.2包含A、B、C三个部分。A部分包含2.0分的几个问题，B部分包含3.0分的几个问题，C部分包含4.0分的一个问题。当然，老师不一定要把所有2.0分的问题罗列在一起，把所有3.0分的问题罗列在一起，以此类推。然而，如果不同等级的问题没有如表6.2被组织成不同的部分，教师必须追踪调查每个问题的难度水平，以达到评分的目的。

为了对不同难度的问题进行评分，教师不应按照现行惯例对单个问题赋分或设定标准分数。相反，教师应使用如下编码方案给每个问题打分：

C = 完全正确

NC = 完全错误

P = 部分正确

或者是很多中学教师采用的另一种相似方案：

C = 完全正确

NC = 完全错误

LP = 小部分正确

HP = 大部分正确

大部分正确（HP）意味着学生理解该题目的大部分内容；小部分正确（LP）意味着学生理解该题目的小部分内容，但不理解大部分内容。

当每个题目都以这种方式进行评估时，教师就可以通过检查学生对各个题目的反馈，为评估设定一个总体分数。例如，假设某学生的反馈结果如表6.3所示。

表6.3中的这位学生正确地回答了所有2.0分的题目，并且正确回答了部分3.0分的题目，然而，他没能正确地回答4.0分的题目。因此，教师应将他的整个测试结果定为2.5分的能力等级分数，表示2.0分的题目完全正确和3.0分的题目部分正确。

表6.3　某学生的反馈结果

部分	题目	得分	编码
A	1 2 3 4	2.0 2.0 2.0 2.0	C C C C
B	5 6 7	3.0 3.0 3.0	C HP NC
C	8	4.0	NC

这种评估方式与那种给每个题目赋分然后确定每个学生在每题上得多少分的传统模式完全不同。例如，对于表6.2中的测试，教师通常会采用如下方案为各类题目赋分：A部分每题2分，B部分每题5分，C部分一题10分。使用这种方案，对A部分的题目进行评分可能相当容易；每个题目将得0分、1分或2分。然而，给B部分的题目打分就比较麻烦了。如果答案完全错误，很容易给出0分，如果答案完全正确，则给5分，但如果一个答案部分正确，则很难判断是应该得2分、3分还是4分。这个问题在C部分的第8题中更为严重，一个完全正确的答案得10分，一个完全错误的答案得0分，这很容易判断，但是对于部分正确的答案教师应当如何可靠地辨别出该打2分、3分、4分、5分、6分、7分、8分还是9分？

如表6.3所示，将题目编码为完全正确、完全错误、小部分正确和大部分正确的方案更易于教师使用，这为测试设计提供了更高的可靠性。

当然，表6.3中学生的答案展示了一个较为典型的反馈。经常有老师问，如果学生分数呈现出反常的模式，该如何处理？比如学生在3.0分的题目上表现良好，但在2.0分的题目上表现不佳。马扎诺深入讨论了这一问题的解决方案，简而言之，出现异常的可能原因有很多，包括以下几点：

- 为特定分值编写的题目在某些方面存在瑕疵。
- 学生认真回答了部分问题，未回答剩余问题。
- 教师对学生作答的评分不准确。

教师可以采取多种措施来解决反应模式异常的问题，包括以下几点：

- 忽略异常题目。
- 与表现出异常反应的个别学生见面，让他们解释如此作答的原因。
- 将测试结果反馈给那些表现出异常反应的学生，并要求他们重做某些具体题目。
- 根据全班同学的回答，按较高或较低的分值重新对题目进行分类。

多维度测试

考虑到单维原则对于有效测试理论的重要性，我们建议，如果可能的话，评估应该被设计为只测量一个维度。不过，一个评估可以包括一个以上的维度，只要在评估中计算并显示每个维度的分数。例如，假设一个数学测试既考查学生基本计算的能力，又考查根据一组有序对来绘制线性方程组的能力，这是两个不同的维度。一个学生可能不擅长基本的计算，但是对于从一组有序对中绘制线性方程组却相当了解，反之亦然。正如我们在图6.2中看到的，为评估指定一个单一的分数可能会掩盖关于学生强项和弱项的重要信息。两个学生可能总分相同，但在测试中的两个基本维度上却有着相反的表现。

设计一个多维评估程序相当于设计两个单独的评估，再将它们结合起来。如表6.3所示，协作团队应为两个维度的2.0分、3.0分和4.0分单独设计题目，然后再给每个维度单独打分。当然，评分教师必须牢记哪些题目与哪些维度相关。最后，教师计算出每个维度的分数，并向每个学生反馈。测试的结果不会只以一个总分的形式呈现。

再举一个例子，如果要为“撰写优质的说明文”这一主题制定一组目标，如第五章所述，一个专业学习共同体可能会在此主题下确定以下五个目标内容：

1. 学生能够写出一个清晰的论点，并有支撑和限制其论述范围的修饰语。

2. 学生能够实现不同部分、不同段落之间的顺利过渡。

3. 学生能够正确使用主谓一致和指示代词。

4. 学生能够选择简洁且能传达准确信息的词汇。

5. 学生能够使用适合文章的句首大写和句尾标点符号。

虽然教师可能在一节课或一组课中单独关注这些目标的任意一个，但他也可以给学生布置一篇说明文，并根据这五项目标中的每一项进行评分。由于教师团队为五项目标中的每一项都制定了能力等级量表，教师可以为每篇论文打五个分数，每项目标各打一个分数。这将为学生提供一个贯穿说明文写作过程（宏观程序）的五种技能的全景图。

三种新型评估方式

除了上述考核评估的方式外，第五章提供的量表还允许教师有效地开展除传统纸笔测试以外的评估。以下是三种基于能力等级量表的替代性评估形式。

探究性讨论

探究性讨论是一种独特的评估形式，非常适合能力等级量表。简单来说，在探究性讨论中，教师会见学生，并要求学生解释特定的信息、展示特定的技能或过程，同时教师提出问题。正如马扎诺所言：

> 老师一对一地与特定学生见面，要求他解释或演示一些内容。例如，在关于自然界关系的单元中，一位中学科学老师可能会坐在一个学生旁边，要求他解释寄生关系、共生关系和互惠关系之间的异同。当学生解释这些概念时，老师会问一些探究性问题，以便了解学生掌握什么、未掌握什么。为此方法设计的量表应阐明教师所提问题的类型，并根据不同类型确定对应的量表分数，从而最准确地反映学生在该时间点的知识掌握情况。

非介入性评估

非介入性评估最容易应用于程序性知识，尤其是意识活动型知识，因为这些知识是可观测的。马扎诺用以下方式描述了非介入性评估：

> （在非介入性评估中）老师可能会“捕捉”学生在自然环境中表现出的技能、策略或过程。例如，考查学生击打棒球的身体技能。体育老师可能会在课间观察学生打垒球，并将这一观察记录为形成性分数。同样，美术老师可能会观察学生在课堂上使用一种新的笔法，并将这一观察记录为形成性分数。

学生自评

学生自评可能是能力等级量表提供的最强大、最具革命性的评估形式。

在此种评估中，学生主动来找老师，并提出他们将做什么来证明他们已经在能力等级量表上达到了特定等级。马扎诺提供了以下来自语言艺术、数学、科学和社会研究等学科的例子：

语言艺术：为了证明在拼写方面能达到3.0分的学习目标（教学目标），一个小学生提议放学后与老师进行一次简短的口语测试。

数学：为了证明在绘制线性方程组方面具备3.0分的能力，一个学生提议在教科书的实践环节绘制方程组。

科学：一个学生想在可燃性学习目标（教学目标）中证明自己具备3.0分的能力，他提议展示一个关于兴登堡灾难的短视频剪辑，并解释爆炸的原因。

社会研究：为了证明自己在美国历史有关民权运动的学习目标（教学目标）上具备3.0分的能力，一个学生提出制作一条时间线，包括当时的主要相关事件。她认为，如果她能在制作时间线后与老师坐下来讨论一个事件如何影响另一个事件，以及这个因果链如何为一个运动创造动力，她就能证明自己有4.0分的能力。

重设SMART目标

能力等级量表的制定及相关评估为SMART目标提供了一个新的视角。杜富尔、埃克和马尼提供了下面这个SMART目标的例子：

去年，我们有86%的学生成绩合格。

今年，我们将把学生成绩合格的比例提高到至少93%。

> 去年，我们76%的学生在州级数学测试中达到了熟练标准。
>
> 今年，我们将把在州级数学测试中达到熟练标准的学生比例提高到80%及以上。

如果团队制定了相关的能力等级量表，这样的SMART目标非常有用。当然，如果有量表的帮助，更具体的SMART目标将会更有成效。例如，为数学课的某个特定单元设计了能力等级量表和相应的评估方案之后，下面这样的SMART目标会更有效：

> 到本季度末，100%的学生将在能力等级量表上达到2.0分等级或以上。
>
> 到本季度末，80%的学生将达到3.0分等级或以上。

开展高效的共同评估

拉里·安斯沃思（Larry Ainsworth）和唐纳德·维古特（Donald Viegut）梳理了共同评估的发展，并说明了共同评估在监测学生学习方面的重要作用。对于专业学习共同体而言，共同评估有着极为重要的作用。正如里克和其同事所指出的：

> 不同于单个教师在一个单元结束时制定和实施的总结性测验，一个负责相同课程或年级的协作小组在教授一个单元之前就将创建一个共同的形成性评价方案。组内教师就学生必须达到的标准达成一致，并确定进行评估的时间。

里克和他的同事继续解释道，实施评估后，教师团队立即分析评估结果，以此确定他们在课堂上采取怎样的教学行为，并通过学校的干预系统确定需要额外帮助的学生名单。因此，共同评估为团队工作提供了重要数据，并帮助优化团队的教学表现。

能力等级量表可以使设计和解释共同评估的过程变得非常高效。一旦构建好能力等级量表，设计评估就变得相当容易：教师只需为2.0分、3.0分和4.0分分别创建评估项目。能力等级量表还允许教师设计他们独特的个人评估，但保持对这些评估评分标准的共同解释。例如，负责同一门代数课程的两位教师可能会设计两种形式迥异的测试，如果团队已经练习过如何使用能力等级量表进行评分，且建立了评分者间的可靠性，那么在用能力等级量表时，两个班级学生的分数是直接可比的。2.5分等级意味着学生完全理解2.0分等级内容、部分理解3.0分等级内容，而不必考虑是哪次考试和哪位老师打分。最后，能力等级量表允许教师使用其他类型的评估，如探究性讨论、非介入性评估和学生自评。

将量表分数转换为传统分数

能力等级量表代表着评估学生方式的巨大转变。学生在考试中得的分数不是0分到100分，而是从0到4.0的能力等级分数。如图6.1所示，百分制并不能提供非常准确或有用的学生成绩信息，尤其是当评估具有多维性时。然而，目前使用的大多数评分方式都基于百分制，特别是在初中和高中阶段。因此，教师可能需要将能力等级分数转换为百分制，有多种方法可以做到这一点。表6.4是中学教师常用的一个方案。

教师当然可以使用其他转换方案，但是表6.4中的方案似乎更为有效，至少在某种程度上保留了成绩的完整性。需要指出的是，从一个量表到另一个量表的任何转换通常都会带来测量和解释上的误差。如果一位教师所在的学区或学校要求必须使用百分制，而这位教师又想使用能力等级量表，那么

表6.4中的转换方案也不失为一种选择。

表6.4 将能力等级转换为百分制的转换方案

等级分数	转变为百分制
4.0	100
3.5	95
3.0	90
2.5	80
2.0	70
1.5	65
1.0	50
0.5	25
0.0	0

新型成绩单

虽然建立能力等级量表不需要配套新型成绩单，但它可以作为设计新型成绩单的基础。事实上，当学区或学校对一门课程或一个年级的所有内容都有明确的能力等级量表时，使用新型成绩单将成为一个非常合理的选择。下表6.5展示了新型成绩单模板，在能力等级量表已经设计好的情况下，它是传统成绩单的一个可行的替代方案。

表6.5 四年级成绩单样本

姓名	约翰 · 马克							
住址	某街123号							
城市	某城市							

（续表）

年级	4									
指导教师	史密斯女士									
语言艺术	2.46	C		课堂参与			3.40		A	
数学	2.50	B		作业完成情况			2.90		B	
科学	2.20	C		在校表现			3.40		A	
社会科学	3.10	A		小组合作			2.70		B	
艺术	3.00	A								
语言艺术										
阅读：										
认字和词汇		2.5								
阅读主旨		1.5								
文学分析		2.0								
写作：										
语言规范		3.5								
文章结构与主旨		2.5								
调研与技术运用		1.0								
评估与修改		2.5								
写作能力应用		3.0								
听说：										
理解		3.0								
语言组织与表达		3.0								
口语媒介分析与评价		2.5								
表达能力应用		2.5								
综合能力：										
课堂参与		4.0								
作业完成情况		3.5								

（续表）

行为表现	3.5								
小组合作表现	3.0								
语言艺术平均成绩	2.46								
数学									
数字系统	3.5								
估算	3.0								
加法/减法	2.5								
乘法/除法	2.5								
比例/分数	1.0								
综合能力：									
课堂参与	4.0								
作业完成情况	2.0								
行为表现	3.5								
小组合作表现	2.0								
数学平均成绩	2.50								
科学									
物质和能量	2.0								
自然的力量	2.5								
物种多样性	1.5								
人类身份认同	3.5								
物种互相依赖	1.5								
综合能力：									
课堂参与	3.0								
作业完成情况	1.5								
行为表现	2.5								
小组合作表现	1.0								

（续表）

科学平均成绩	2.20								
社会科学									
文化影响	3.5								
时事	3.0								
个人责任	4.0								
政府代表	3.5								
人权与民权	1.5								
综合能力：									
课堂参与	3.5								
作业完成情况	3.5								
行为表现	3.5								
小组合作表现	4.0								
社会科学平均成绩	3.10								
艺术									
艺术目的	3.5								
艺术技巧	3.0								
艺术与文化	2.5								
综合能力：									
课堂参与	2.5								
作业完成情况	4.0								
行为表现	4.0								
小组合作表现	3.5								
艺术平均成绩	3.00								

表6.5展示了一份四年级的成绩单样本，这种样本成绩单格式可以很容易地应用于所有年级。为便于讨论，我们假设学校对每个科目都部门化，不

同的教师负责不同的科目领域。本次评分涉及五个科目领域：语言艺术、数学、科学、社会科学、艺术。表6.5中的学生在语言艺术科目的“认字和词汇”方面得2.5分，在“阅读主旨”方面得1.5分，以此类推。

读者需要注意，表6.5中的每个条形图都有一个深色底部和一个浅色顶部。每个条形图底部的深色部分代表学生在评分开始时的分数。例如，表6.5中的学生在认字和词汇的题目上获得了2.5分的最终成绩，但他在评分开始时的分数是1.0分。换句话说，每个条形图顶部的灰色部分显示了一个学生在每个科目上的知识增长。表6.5中的学生在认字和词汇方面增长了1.5分的量表分数，在阅读主旨方面增长了1.0分的量表分数，以此类推。

还要注意的是，在表6.5报告的每个学科领域中，学生都获得了综合能力方面的能力等级评分，包括课堂参与、作业完成情况、行为表现和小组合作表现。协作团队也可以为这些技能制定能力等级量表。虽然每门学科都展示了综合能力的能力等级分数，但这些分数不被计算在学科总分之内。

最后需要注意，成绩单中包含了传统的“ABCD”等级打分，这些成绩使用了表6.6中的转换方案，将能力表的分数直接转换为传统等级。

表6.6 将能力等级转换为传统等级的转换方案

量表平均分	传统等级	量表平均分	传统等级
3.51—4.00	A	2.17—2.33	C
3.00—3.50	A-	2.00—2.16	C-
2.84—2.99	B+	1.84—1.99	D+
2.67—2.83	B	1.67—1.83	D
2.50—2.66	B-	1.50—1.66	D-
2.34—2.49	C+	0.00—1.49	F

来源：改编自马扎诺的《形成性评价与基于标准的分级》

如表6.6所示，如果一个学生的平均分在3.51到4.00之间，那么该学生的成绩等级为A。若平均分在3.00到3.50之间，该学生的成绩等级为A-，以此类推。表6.6中的方案并不是唯一有效的转换方案，但它代表了一些使用能力等级量表的学校所使用的一般模式。

持续监测学生学习是专业学习共同体协作团队提高学生成绩的最有力工具之一。这种监测需要对评估结果及其对教师行为的影响进行统一分析。第五章提供的能力等级量表和本章提供的评估方案提高了学生测试的精确度，并为协作团队集体讨论提供了强有力的工具。

结　论

美国教育界长期以来的做法是，教师个体利用评估让学生在指定时间展示其学习成果，标准的模式是："教书、考试、希望学生考到最好、打分，然后进入下一个单元。"评估已被视为一种把学生分类为"A等学生、B等学生……"的工具。

基于团队协作的共同评估是专业学习共同体建设中极为重要的一环。但是，如果协作团队使用共同评估仅仅是为了在进入下一个单元前给学生评分，那么该团队不会取得什么进展。在专业学习共同体中，评估的目的不是简单地用来证明学生学到了什么，而是用来改善学生的学习进程。如果协作团队并没有利用共同评估的结果来确定并回应每个学生的具体学习需求、分析和改进团队集体和个人的教学行为，这个团队就不能被称为一个专业学习共同体。

| 第七章 |

确保有效教学

> 专业学习共同体与传统互助小组的不同之处在于，二者的批判性立场和探究精神不同。互助小组主要是教师分享观点、给予鼓励，而在专业学习共同体中，教师们提供探索性问题，邀请同事观摩他们的教学情况与学生表现，并提出问题进行讨论和磋商。
>
> ——乔纳森·萨菲尔

第六章提供的课程评估方案可以有效提高学生成绩。学生知道了能力等级量表中的明确目标，拥有明确且可行的课程，了解实现不同层次目标所需要的努力，他们就会明确自己的学习任务，通过合适的方法提高学习成绩。如果教师再为学生提供有效教学，那么学生的学习成绩将会进一步提升。在这一章，我们将讨论如何设计和教授课程，以最大限度地帮助学生获得相应的知识和技能。

有效教学是专业学习共同体第一个理念里的概念，旨在确保所有学生都可以实现高水平学习。因此，专业学习共同体的一个主要职责是规划和提供高水平的学习课程。

然而，任何关于有效教学的讨论都需要明确一个前提：没有任何一个教学策略可以保证学生的学习一定达到高水平。即使有些策略有研究证明产生效果，也可能会有大量其他研究证明其无效性。其中的道理非常容易理解：

> 教育工作者必须始终关注教学策略是否产生了预期效果，而不是简单地认为，如果我们采取了一个策略，它一定会产生积极结果。如果一种策略实施效果不佳，教育工作者必须根据实际情况适时调整策略或采用其他策略，这也是不要求教师必须使用特定策略的一个原因。因为没有任何一个策略可以保证其有效性，所以当学生的学习成绩不佳时，教师必须自由、灵活地调整并尝试不同的策略。

换句话说，“检验成功教学的最终标准应该是学生知识的习得”。教学是帮助学生学习的一种手段，因此，检验有效教学的最终标准是学生的实际学习效果。医生宣称“手术很成功，但病人死了”的故事在专业学习共同体中并不可信。评判一节课是否有效，最重要的标准是学生有没有学到知识。

课程研究是改进教学的关键

教师应该通力合作、思考有效教学的方法，这个观点当然并不新颖。比如，教师集体研究、精心制作课程是日本教师校内研修的一个核心活动。日本教师校内研修是一套全面的教学策略，也是日本学校进步的关键。施蒂格勒和希伯特曾指出：

> 日本教师校内研修最常见的一个组成部分是课程研究。在课程研究中，教师小组每隔一段时间都会定期开会（间隔几个月到一年不等）来设计、实施、测试、改进一项或几项研究设计。从各项指标来看，课程研究非常受日本教师的欢迎和重视，

尤其是在小学阶段，它是教学改进的关键。

自施蒂格和希伯特将课程研究的概念介绍引入美国教育界以来，美国教育界已经发生了许多改变。然而，在目前美国的课程研究版本中，没有一个专门适用于本书所述的专业学习共同体。专业学习共同体协作团队负责开发和审查有效课程，应该形成自己完备的课程研究策略。随着日本关于有效教学的案例文献不断增加，专业学习共同体学校也可以建立以学校为基础（或以学区为基础）的有效教学模式。

专业学习共同体中的课程研究

在第五章中，我们了解到知识系统可以分为三大类：信息、智力活动和意识活动。我们了解到，为开发一个明确且可行的课程，团队应设计一个涵盖三类知识的等级量表，每个类别的知识需要不同类型的教学。因此，进行课程研究时，协作团队应该考虑三类知识及不同量表的区别。我们进行课程研究时，应优先考虑信息知识。

信息知识的课程研究

信息知识主要包括两个范畴：概念组织和细节。在编写量表时，协作团队通常将概括、原理等概念组织作为评分3.0的内容，并将时间序列、事实、术语等细节作为评分2.0的内容。如表7.1所示。

评分3.0的内容包括概括美国宪法中《权利法案》对个人生活以及整个社会产生的影响。评分2.0涉及全面理解课程主题需要掌握的重要事实和词汇。评分4.0的内容包括通过整合概括教学目标内容进而推断出未来可能发生的事情。

表7.1 信息知识等级量表

评分	内容
4.0	学生可以预测《权利法案》在21世纪可能发生的变化，并做出相应解释
3.5	除了评分3.0的内容，学生可以正确完成一部分评分4.0的内容
3.0	学生们了解政治权利对个人和社会的影响，尤其是美国《权利法案》中规定的各项权利
2.5	学生对于评分2.0的内容没有出现严重错误和疏漏，并且可以正确完成一部分评分3.0的内容
2.0	学生可以记忆或识别有关《美国宪法》《权利法案》的重要细节，如： •重要术语和短语，包括请愿权、新闻自由、《美国宪法》、《权利法案》 •重要事实，包括《权利法案》发展历史和《权利法案》中更广为人知的内容，如《第一修正案》
1.5	学生可以正确完成一部分评分2.0的内容，但对于评分3.0的内容会出现严重错误和疏漏
1.0	在有帮助的情况下，学生可以正确完成一部分评分2.0的内容和一部分评分3.0的内容
0.5	在有帮助的情况下，学生可以正确完成一部分评分2.0的内容，但无法完成评分3.0的内容
0.0	即使在有帮助的情况下，学生也无法完成目标

为评分2.0的信息知识做规划

当等级量表的重点是信息知识时，评分2.0的内容通常都是细节知识。细节可以为概念组织（概括、原理）提供基础。例如，在表7.1中，细节包括重要的术语和短语，如请愿权、新闻自由、《美国宪法》和《权利法案》，这些术语本身就是非常复杂的主题。然而，当复杂主题被列为评分2.0的内容时，学生只需要对它们有浅显的了解即可，不需要全面理解其意义。例如，若对请愿权有更深刻的了解，就应知道它包含表7.2中的信息。

表7.2 《权利法案》信息

美国宪法的《第一修正案》明确规定了请愿权：国会不得制定任何法律来剥夺人民向政府请愿伸冤的权利。

——《第一修正案》

请愿条款总结了《第一修正案》对表达权的列举，并在许多方面支持所有这些权利。请愿是要求各级政府纠正错误或纠正问题的权利。

请愿权使公民能够帮助政府将注意力集中在尚未解决的问题上；为当选领导人提供有关政策的信息；揭露不当行为、浪费、腐败和无能；在不危及公共秩序的情况下发泄民众的不满情绪。

早在殖民时代，请愿就是公开对话的一种形式。200年后，请愿变成了大众政治的工具，旨在表达观点而不是为人民辩护。就像奴隶制问题的讨论一样，请愿现在被视为团结民众团体、压倒政治对手的一种手段。

无论是针对司法、行政还是立法部门，请愿已经成为公民支持或反对政府行为的非暴力、合法手段。游说、信件、电子邮件、法庭作证、诉讼、支持公投、为投票选举收集签名、和平抗议和和平纠察，所有这些旨在促使政府行动的公开表达议题、投诉和利益维护的行为都符合请愿条款，即使这些活动涉及《第一修正案》包含的其他权利。

然而，尽管《第一修正案》的请愿权具有社会效益，它并没有发展为一种学说或一项事业。很少有学者或法院充分认识到请愿权在当代应用的重要性。

或许，请愿权之所以没有引起他们的注意，正是因为它发挥着良好的作用。在宪政分析中，请愿条款是宪法分析中的默认条款，是其他言论自由产生的基础。

正如大法官约翰·保罗·史蒂文斯（John Paul Stevens）在明尼苏达州社区学院委员会（Minnesota Board for Community College）强调的那样，“《第一修正案》的目的是为了确保公民的权利而不是在做无用功”。即使领导者不愿听取选民的意见，请愿条款也可以确保他们听取其意见。虽然公职人员可能对民主话语漠不关心或沉默不语，但至少《第一修正案》命令他们听从。

如果把一个复杂主题列为评分2.0的内容，那么学生只需掌握其常用的主要信息即可。比如，关于请愿权，学生只需掌握以下信息：

- 请愿权专门列于宪法《第一修正案》中。
- 请愿权保障公民拥有请求政府纠正某种错误的权利。

表7.1列举的内容也同样如此，学生只需掌握关于《权利法案》的以下信息：

- 《权利法案》详细阐述了公民的个人权利。
- 《权利法案》是对美国宪法的补充，保障公民的个人生活不会受到政府的过多干涉。

这里需要再次强调，不要期望这些信息代表了对该主题的全面甚至是一般性的理解。但是，这些知识作为碎片化信息，可以为学生学习更为复杂的评分3.0的内容打下良好的基础。

教授信息量表里评分2.0的内容是一个相对简单的过程，当协作团队准备讲授评分2.0的内容时，应该做到以下几个步骤：

- 将学生分为几个小组
- 帮助学生提前预习内容
- 将内容分解为“可消化的小模块”知识
- 为各个模块搭建学习框架
- 让学生逐步学习每个模块
- 提出拓展性问题
- 让学生以语言或非语言方式展示内容
- 让学生对学习过程进行反思

需要注意的是，教师可以灵活调整协作团队的规划。协作团队设计的课程不该被视为教师们必须遵守的金科玉律。相反，这些课程只是一个草图，当它们明显不适用时，教师们应该灵活地进行调整。

马扎诺与布朗（John L. Brown）详细描述了教学顺序的细节。简单来说，第一步是把学生分为两人或三人的小组。教师可以在课程开始时以特定方式划分小组，也可以每个教学单元划分一次小组，并在进行下一个单元时重新划分，以确保学生在整个学年里可以有不同的搭档。

在学习新的内容之前，教师可以帮助学生提前预习新内容。完成该任务的方式有许多：

- 询问学生关于该内容他们了解什么
- 给学生展示该课程内容的概述
- 给学生展示描述该课程内容的思维导图
- 给学生展示一份不完整的大纲

协作团队可以就具体使用什么策略进行探讨。

接下来的“分块”（chunking）和“框架”（scaffolding）两个要素相互联系。分块指的是将教学内容切分为便于消化的小组块。每个组块都应简洁到不会给学生的短期记忆带来负担。组块的大小取决于学生对于该内容的了解程度，学生对该内容越了解，组块应越大。

“分块”也受到介绍该内容的方式的影响。例如，如果一个协作团队计划用视频剪辑来介绍评分2.0中有关《权利法案》的内容，那么团队教师需要考虑在哪个片段停止以及让学生学习哪个片段。如果该团队使用讲座来介绍《权利法案》，团队成员则需要考虑应该在讲座哪个部分暂停讲解。

“框架”和“分块”两个要素联系十分紧密。“框架”指的是讲授知识时，将一个模块与下一个模块有机联系起来。如果讲授的是信息知识，特别是带有许多细节的知识，那么模块之间的联系可能没有那么紧密。比如，在讲授请愿权的历史之前，教师没有必要介绍它的主要内容。不过，当讲授智力活动和意识活动时，我们就会发现有些模块的内容是学习其他模块的基础。协作团队应该考虑如何安排不同模块的学习顺序来提高学生的学习效率。这可能意味着他们需要改变教科书、光碟、课文中原本的教学内容顺序。例如，协作团队可能会决定学生应首先阅读课文章节的最后几页，因为它提供的信息将会为课程的其他信息提供坚实的基础。

学生可以采取多种方式处理每个模块的信息，例如：可以是简单地让学生在互动小组中口头总结某个模块的信息，可以让组内成员在各个模块学习结束后轮流主持总结信息的讨论，或者在教师完成该模块的授课后，教师可以提问互动小组一个问题或让小组提出自己的问题。协作团队应该为每个模块的授课内容设计各种活动，并且可以在每个模块中使用不同的互动形式。

在学习完该模块的内容后，教师可以问一些拓展性问题，帮助学生拓展知识。通常来说，这些问题都是思考性、推理性问题。例如，当学完有关《权利法案》四个模块的内容时，教师可以提问学生以下问题：我们国家领导人最初在编纂宪法时，为什么不将《权利法案》写进宪法?

教学顺序的倒数第二步就是要求学生以语言或非语言方式展示他们学过的内容。这一步就是要求学生总结他们所学的知识。总结的方式多种多样，如果是以语言的方式展示内容，教师可以让学生：

- 就他们学过的内容写一份简短的总结
- 就他们学过的内容列一个大纲
- 就他们学过的内容写一份个人笔记

如果是以非语言的方式总结，教师可以让学生：

- 就他们学过的内容做一个信息组织图
- 就他们学过的内容做一个简图或统计图表
- 表演他们学过的内容

- 做一个海报展示他们的学习内容
- 做一个政治漫画展示他们的学习内容

在设计课程时，协作团队应预先讨论讲授评分2.0内容时可能会用到的语言或非语言活动类型。例如，在介绍《权利法案》的内容时，团队可以建议教师让每组学生进行信息总结。每组展示完小组总结后，整个班级可以在教师的指导下，在一张大图纸上以图表的形式记录下总结内容，然后在课堂上展示。

在介绍评分2.0的内容时，我们建议教师将教学的最后一步设计为让学生简单反思一下自己的学习过程。最常见的方式是让学生回答教师的问题，比如：

- 在这节课中，你学到的最重要的内容是什么？
- 你对哪部分知识更感兴趣？
- 你依然困惑的内容是什么？

学生可以在自己的笔记本上记下当时所说的答案，不定期交给教师审查。另一种方法是让学生在卡片上写下他们的回答，在下课时交给教师。

一个考虑到所有要素、精心设计的入门课程可以为教师的有效教学提供一个蓝图。这样的设计不仅详细列举了课堂上可能发生的教学活动，而且提供了开展这些活动的推荐顺序；不但为上课提供了所需资源的详细信息，而且注明了这些信息的来源与出处。

为评分3.0的信息知识做规划

有了重要细节的基础铺垫，学生可以更好地使用概括和原理。让我们回顾一下表7.1中评分3.0的内容概括：美国《权利法案》对个人生活以及整个社会产生的影响。理解这种概括意味着学生可以独立地列举有关示例。事实上，生成例子的能力代表了对概括和原理的理解程度。不妨看一个假设：一个学生能够背诵归纳的结论，但无法举出相应的案例。这表明他仅仅是死记硬背，而非真正理解。

为培养学生生成例子的能力，教师应该在课程开始时就提供清晰示例，并阐明其作为示例的原因。因此，协作团队应向教师明确哪些具体示例可以向学生展示和解释。

作为一种教学策略，“概念获得”策略可以有效帮助学生生成例子。该策略基于布鲁纳（Jerome Seymour Bruner）的研究，由乔伊斯（Bruce R. Joyce）与韦尔（Marsha Weil）推广。该策略要求学生对比他们正在学习的知识“示例”（examples）和“非示例”（nonexamples）。马扎诺采用了乔伊斯和韦尔所举的一个例子：

> 一名社会学教师的八年级班级正在研究美国排名前14的大城市的特征，教师为学生提供了关于人口规模、种族、产业类型、地理位置和自然资源相似度等数据。这些数据已经按照城市汇总成一个个的图表，并在教室周围展示，供所有学生查看。基于此，教师告诉全班同学她会以稍微不同的方式来开展本次授课。她告知学生，一些城市代表了某些特征，而另一些则没有，她每次会提供一个特征，并提供相应的城市示例和非示例。授课开始时，她会说，“得克萨斯州的休斯顿是我正在考虑的有关特征的一个例子。这是一个示例”。学生们马上查看休斯顿的图表，查看其特征信息。然后，教师指着马里兰州巴尔的摩市的图表说，这是一个非示例，指着加利福尼亚州圣何塞市的图表说这是一个示例。
>
> 接下来，教师问是否有人能猜出她在想什么特征。然后有几位学生举手，教师表扬他们，但告诉他们暂时不要说出自己

的猜测。然后，她要求刚刚举手的几位同学利用接下来的示例和非示例来验证其猜测，她接着说，华盛顿州的西雅图和佛罗里达州的迈阿密是示例，但密歇根州的底特律是非示例。直到所有的学生都已经确定该特征，教师才停止提示，然后教师要求学生分享他们关于示例城市的特征的想法。该活动需三人一组，并得出一个共同结论："示例城市的特征是发展迅速并有相对温和的气候。"最后，教师要求学生用自己的措辞表述这个特征。教师将该过程又重复了两次，帮助学生发现关于美国大城市的另外两个新特征。

如果团队教师在《权利法案》课程中使用这一策略，他们应为学生提供一些清晰的例子来说明《权利法案》如何对个人和整个社会的生活产生影响。然后，教师应设计一些活动，要求学生找到相关示例并提供支撑材料。如果学生不能找到正确的示例或者无法解释清楚自己的示例，教师应该提供更多的例子。这些活动直接关系到专业学习共同体第一个重要理念中的关键问题：学生不学习时，教师将如何应对？如果学生不能完成评分3.0对应的活动，那么教师要为学生解释示例或提供新示例。另一种情况是，如果学生并没有完全掌握评分2.0部分的基础知识，教师必须重新教授这些知识。

如果教师试图单独完成这些任务并自己备课，那么设计包含大量示例和非示例的课程需要花费大量时间。但是，如果教师作为专业学习共同体协作团队的一员来开发此类课程，就会大大减少备课时间。不仅如此，在团队合作开发了第一代课程后，教师可以在随后几年不断完善此课程。

为评分4.0的信息知识做规划

评分4.0的内容通常要求学生做出超出课堂内容的推理和应用。对于评分4.0等级，协作团队的工作是设计一些任务类型，锻炼学生的推理和应用能力。马扎诺和肯德尔已经总结了一些适合此目标的任务类型，如表7.3所示。

表7.3 学生推理和应用的任务类型

比较任务：这些任务要求学生寻找并解释课堂上所讲信息与未讲信息的相似和不同之处。例如，协作小组可能会设计一项任务，要求学生将《权利法案》与其他一些和宪法无关的文件进行比较。 **分类任务：**这些任务要求学生将课堂上涉及的内容整理成课堂上未涉及的类别。例如，协作小组可能会设计一项任务，要求学生将修正案整理成两个或更多的类别，并解释为什么将某些修正案放到其所在类别中。 **错误分析任务：**这些任务要求学生明晰其他人在课堂上展示的知识应用中出现的逻辑或事实错误。例如，协作团队可能会设计一项任务，要求学生找出对某一修正案的误用，并解释为什么此案例是对修正案的误用。 **归纳推理任务：**这些任务要求学生对课堂上讨论的内容进行新的概括，并证明自己的概括。例如，协作团队可能会设计一项任务，要求学生对课堂上没有直接教授的《权利法案》进行概括，并用课堂上讲授的信息为此概括提供支撑。 **演绎推理任务：**这些任务要求学生进行预测，然后使用课堂上教授的法则和原理来为该预测提供依据。例如，协作小组可能会设计一项任务，要求学生预测《权利法案》可能发生的变化，然后使用《权利法案》确立的原理或规则为他们的预测提供依据。

教师可以向学生提出一些表7.3中的任务，学生完成其中的任何一项都可以证明他具有获得4.0分的资格。或者，协作团队可以设计一些用于证明学生具有获得4.0分资格的特定任务，比如表7.1所说的，评分4.0规定学生必须完成一项演绎推理任务：预测《权利法案》的未来变化。

小结

进行信息型知识的课程研究时，协作团队应为评分2.0的内容设计入门教学活动，包括：将学生分为不同的互动小组，提前预习内容，将课程内容分成小的模块，为各个组块建立联系，让学生学习每个组块的知识，提出拓展性问题，要求学生以语言或非语言形式展示学习内容，要求学生进行反思等。为评分3.0的内容设计课程时，协作团队应确定清晰的示例和非示例，设计让学生辨别示例和非示例的任务，要求学生生成示例和非示例，并为生成的例子提供支持。最后，为评分4.0的内容设计课程时，协作团队应设计一些任务要求学生对评分3.0的内容进行推理及应用，通常的任务类型包括比较、分类、错误分析、归纳推理和演绎推理等。

智力活动的课程研究

智力活动指的是关于“怎么做”的知识，例如写出一篇逻辑完整的作文、解决数学中的某类问题、阅读一篇长文章并进行简要总结。智力活动包括两个范畴：过程和技能。正如第五章所述，过程指的是复杂程序，通常包括多种交互技能。教学目标的编写通常是在技能层面上，如表7.4所示。

如表7.4所示，评分3.0中的教学目标包括绘制直线方程式，计算斜率、中点、给出的有序对间的距离以及X轴和Y轴截距等技能。这是一个相当复杂的技能目标，包含了许多交互知识。评分2.0的内容是学生能够描述绘制线性方程的基本过程，这并不意味着学生可以流畅地掌握该技能，但意味着学生对该过程应有大致了解。评分2.0的内容还要求学生拥有绘制有序线条和对答简单问题的能力，并能快速计算中点、斜率、两点之间的距离、X轴和Y轴截距。最后，处于该学习水平的学生还应该能够认识并记忆斜率、中点、X轴、Y轴截距和线性方程等术语的含义。评分4.0要求学生不仅能够绘制线性方程，还能够推理出方程式及其反映的关系类型。

表7.4 智力活动等级量表

评分	内容
4.0	学生能够确定含有两个变量的方程式是否是线性方程式，并解释为什么是或为什么不是
3.5	除了评分3.0的内容，学生可以正确完成一部分评分4.0的内容
3.0	学生可以绘制直线方程式并计算斜率、中点、有序对的距离等
2.5	学生对于评分2.0的内容没有出现严重错误和疏漏，并且可以正确完成一部分评分3.0的内容
2.0	学生能够解释绘制线性方程式的基本过程。 学生能够知道、理解并计算基本线性方程的解，例如： •点（-2，-1）和点（2，7）形成一条直线，该直线与X轴相交于点（-1.5，0），与Y轴相交于点（0，3） •点（-1，2）和点（3，-6）之间的中点是点（1，-2） •下列有序对的斜率为2：点（-4，-5）与点（-2，-1），点（0，3）与点（2，7） 学生能够知道并理解基本术语，如：斜率、中点、Y轴截距、X轴截距和线性方程
1.5	学生能够正确完成一部分评分2.0的内容，但在评分3.0的内容掌握方面有严重错误和疏漏
1.0	在有帮助的情况下，学生可以正确完成一部分评分2.0的内容和一部分评分3.0的内容
0.5	在有帮助的情况下，学生可以正确完成一部分评分2.0的内容，但是无法完成评分3.0的内容
0.0	即使在有帮助的情况下，学生也无法完成目标

为评分2.0的智力活动知识做规划

除了一些显著的不同之处，智力活动的入门课程与信息知识的入门课程含有很多相同的要素。通常将学生分成两人或三人的小组。讲授智力活动评分2.0的内容时，教师仍然会帮助学生预习学习内容，比如，提一些简单的问题、询问学生已知的线性方程知识，或者使用不完整的大纲作为介绍性信息组织图等。智力活动与信息知识的预习过程是一样的。

在介绍信息知识时，知识模块和框架不可或缺。在介绍智力活动评分2.0的内容时，这两个要素必须比介绍信息知识时更加缜密。这是因为过程中涉及的步骤要么必须以特定的顺序完成，要么必须以更加有效的顺序完成。因此，协作团队应在开始时思考以何种顺序为学生讲解知识。例如，协作团队应为学习绘制线性方程的技能制定以下顺序：

1. 在图上画出有序对的点。

2. 将这些点连成一条线。如果你正确地连接这些点，这条线应该是一条直线。

3. 一旦画好了一条直线，你可以通过操作以下步骤来计算中点……

4. 你可以通过以下操作计算两点之间的距离……

5. 你可以通过以下操作计算出斜率……

6. 确保这条线穿过X轴和Y轴，如果该线没有穿过，就延长这条线直到它穿过X轴和Y轴。

7. 该直线穿过X轴和Y轴后，你可以通过……计算出其X轴截距和Y轴截距。

尽管提供一套这样的步骤看起来有些程式化，但它确实以一种可理解的方式来帮助学生绘制线性方程。随着实践次数的增加，学生们会把这一套步骤内化为属于自己的、更加精简的版本。讲授智力活动知识时，这样一个清晰的原始模型会非常有帮助。

该模型还为教师可能使用的模块提供了蓝图。在这种情况下，每个步骤可能是一个单独的内容模块。教师首先演示一个步骤，然后让学生在小组中使用该步骤解决一个新题目。在演示步骤时，教师会介绍重要的术语，然后学生独立尝试教师所示范的步骤。

在某些情况下，协作团队可能会认为该过程过于复杂，无法一次性讲授完毕。以上述绘制线性方程的步骤为例，协作团队可能会决定暂时省去计算中点和两点之间距离的步骤，然后在学生练习时再补充这些步骤。

与信息知识一样，学生可以以互动小组的形式学习每个模块的内容。学习过程知识之后，小组成员可以共享之前练习步骤的经验，并发现可能遇到的困惑和问题。互动小组还可以在寻求教师帮助前尝试自己解决这些困惑和问题。

教师在介绍过程知识时也可以对其进行详细解释。不过，教师应当在所有模块讲授完毕、学生也学完所有内容后再进行阐释。为了对学生学过的内容进行详细说明，教师应给全班同学展示一个新的方程图形问题。当教师再次引导学生完成整个过程的各个步骤时，他应该提出一些问题，而学生在回答这些问题时会用到之前未曾学过的知识。例如，教师可以提一个探究性问题：如果一个线性方程未穿过X轴，这说明什么？

要求学生以语言或非语言方式展示所学的新知识也同样适用于过程知识学习。学生需要用自己的话描述一组有序对绘制线性方程的过程，或者制作一个流程图来展示绘制线性方程的步骤。

最后，在过程知识的入门课程结束时，可以让学生回答以下反思性问题：

- 对你来说，哪一个步骤最简单？
- 你最困惑的步骤是哪一个？

为评分3.0的智力活动知识做规划

智力活动评分3.0的内容要求是需要学生独立、顺利地完成一个过程。

这当然不会自然发生，而是包含了学生智力付出的几个阶段。在第一阶段，学习者知道技能操作的过程，但是并未掌握该技能。入门课程的基本教学目标就是让学生对整个过程有一个大致了解。在第二阶段，学习者开始实际实施该过程，但是他在操作过程中仍需仔细思考，还未能将操作过程内化于心。在这个阶段，由于学习者试图根据自己的特殊需求和风格来内化该过程，所以会出现许多错误。在最后一个阶段，学习者几乎不需要思考就可以完成该操作，或者说完全不思考、自动完成操作。最后一个阶段有时也叫作自动化阶段，实现这个阶段需要大量的练习。然而，教学中的实践对此或许存在一些误解。

教学实践中最大的误解也许是对建构主义理论的误解。建构主义认为，学习是一个主动建构的过程，学生会在实践过程中建构自己的理解。认知心理学家安德森（John R. Anderson）、雷德（Lynne M. Reder）和西蒙（Herbert A. Simon）指出，“人们会欣然认同建构主义的观点：学习必须是一个主动的过程”。同时，他们提醒，有时人们会误解这个原则，以为结构化的实践过程不符合建构主义思想。这种误解的确是错误的，实践对于智力的和意识的程序类知识都至关重要。

教学实践的另一个误解是仅仅让学生解决一些涉及基本技能的问题或任务，就将它们视作有效的实践。事实上，判断实践是否有效，团队需要考虑以下几个方面的因素。

首先，团队需要考虑教师如何整合示例和非示例。当学生进行实践时，他们应该交替学习示例和非示例，也就是交叉式教学。例如，在实践过程中，教师可能会向学生提出十个问题，其中五个将作为示例引导学生用正确方法解答问题，而另外五个则是非示例问题。有人会说，让学生自己解决这十个问题似乎是很好的练习方式，但是，教师将学生自己解决的问题与示例交织在一起更为有效。

其次，团队需要考虑教师如何培养学生自己的思维能力。这同样可以通过交叉教学完成。当学生们解决非示例问题时，教师应要求一个或多个学生“出声思考”，即解释他们从一个步骤到另一个步骤的思维过程。此外，教师可以要求学生解释他们正在练习的技能的内在因果关系。下列问题有助于激发这种思维：为什么X步骤必须在Y步骤之前完成？如果你做X步骤而不做Y步骤，会发生什么？为什么完成X步骤比完成Y步骤更重要？

最后，团队需要考虑如何安排练习课。从直觉来说，练习课似乎不应该间隔太远，但事实未必如此。与练习课间隔太远相比，间隔太近的问题更为严重。理想的练习课安排是：在教学的初始阶段，学生的练习课间隔可以适当近一些，但随后他们练习课的时间间隔应该越来越长。一般来说，应保障学生在教师讲解重要技能、策略和过程的几周内进行练习，然后在几个月后再次进行练习。

总的来说，协作团队在促进学生智力活动方面达到3.0分的工作非常明确：团队必须整合示例和非示例，培养学生的思维能力，制定适当的练习时间表。

为评分4.0的智力活动知识做规划

智力活动评分4.0的内容要求学生能够将学习内容应用在不同场景中。在表7.4中，评分4.0要求学生可以区分线性方程和非线性方程，并证明自己的结论。这不仅仅要求学生能够绘制方程式，还囊括了比评分3.0更深层次的知识内容。协作团队首先应该给出一些方程式，其中有些是线性方程，有些不是，学生需要利用这些方程式来证明他们拥有获得评分4.0的资格。

小结

协作团队应为智力活动评分2.0的内容设计入门课程，其中有一些与信息知识评分2.0的入门课程内容相同。不过，框架对于智力活动更为重要。此外，知识模块由过程中涵盖的各个步骤或步骤集构成，学生应首先独立尝试这些步骤，然后在互动小组内进行讨论。智力活动评分3.0的课程设计具有较大不同，它侧重于一系列实践教学，促使学生达到一定的熟练度，从而实现学生自动化实践。评分4.0课程的内容主要是任务设计，要求学生以课堂上未直接涉及的方式使用方程式。

意识活动的课程研究

意识活动与智力活动包括两个同样的范畴：过程和技能。正如第五章所述，过程指的是复杂的流程，包括三个子范畴：复杂组合程序、简单组合程序和基本程序。与智力活动相同，意识活动教学目标的编写通常也是在技能层面上，如表7.5所示。

如表7.5所示，评分3.0的主要内容是通过一系列具体流程来锻炼学生击打棒球的技能。评分2.0的主要内容是对如何操作该技能有一个基本了解。获得4.0分的学生可以在新的情景下应用该技能，比如，能够根据不同的投球速度来调整自己的动作。

表7.5　意识活动等级量表

评分	内容
4.0	打棒球时，学生能够根据不同的投球速度调整他们的挥杆动作
3.5	除了评分3.0的内容，学生可以正确完成一部分评分4.0的内容
3.0	学生能够进行髋部旋转，将注意力集中到球上，挥动球棒同时保持后肘向上，在球运动至本垒板中心时击球
2.5	学生对评分2.0的内容无严重错误和疏漏，并且可以正确完成一部分评分3.0的内容
2.0	学生可以解释打棒球的基本流程 学生能够演示站姿：双脚分开，与肩同宽，后肘向上，球棒垂直于地面。 学生可以识别或回想起基本术语，比如髋部旋转、随球运动、时机掌握、眼随球动
1.5	学生可以正确完成一部分评分2.0的内容，但对评分3.0的内容有严重错误和疏漏
1.0	在有帮助的情况下，学生可以正确完成一部分评分2.0的内容和一部分评分3.0的内容
0.5	在有帮助的情况下，学生可以正确完成一部分评分2.0的内容，但无法完成评分3.0的内容
0.0	即使在有帮助的情况下，学生也无法完成目标

为评分2.0的意识活动内容做规划

意识活动2.0的入门课程与智力活动评分2.0的入门课程遵循相同的模式。学生通常被分为两人或三人的小组。教师可以使用以下策略帮助学生预习内容，比如，询问学生关于打棒球他们知道什么。

教师对意识活动知识提供模块、框架时，必须比介绍信息知识时更加缜密。协作团队应首先考虑意识活动步骤的进行顺序。例如，协作团队应确定以下活动顺序：

1. 保持站姿，确保双脚分开，与肩同宽。

2. 确保你的后肘抬高，与地面平行，牢牢抓住球棒，球棒垂直于地面。

3. 紧紧盯着投球，在球运动至本垒板中心时，旋转髋部。

4. 将注意力集中在球上，预判该投球是否投到了好球区。

5. 如果该投球在好球区，用你的手腕挥动球棒，在挥棒过程中需要一直关注着棒球。

与智力活动一样，教师应演示详细步骤，在合适的时间介绍相关术语，并要求学生独立尝试这些步骤。比如在打棒球的例子中，班级的每位学生都应该有一个球棒，学生需要想象有一个球投过来了。接下来与前文两个知识系统一样，学生在互动小组中学习每个模块的内容。然后，小组成员分享经验，讨论他们遇到的困惑或问题，并尝试在组内解决问题。最后，如果学生自己无法解决问题，就去寻求教师的帮助。

在学生学完所有的模块内容后，教师可以进行知识点精讲。当教师再次给学生演示该流程步骤时，可以给学生提出一些问题，而学生在回答这些问题时会用到之前未曾学过的知识。例如，可以提问学生一个思考性问题：如果投球手在投球时速度过快，你应该怎样调整上述流程？

教师也可以让学生以语言或非语言方式展示刚刚介绍的意识活动。教师可以让学生用自己的语言描述打棒球的过程，或者让学生概述该过程的步骤。

最后，在入门课程结尾时，可以提问学生以下反思性问题：

- 对你来说，哪个步骤最简单？
- 对你来说，哪个步骤有困难？为什么？

为评分3.0的意识活动内容做规划

与智力活动一样，学生要想取得评分3.0的成绩，就必须参加各种练习课。同样，在设计这些练习课时，协作团队需要考虑许多因素。

第一个需要考虑的因素是练习课应如何教授具体步骤。因为意识活动包含了许多日常生活中很少组合使用的肢体动作，所以协作团队可以将练习课的一部分时间专门用于学习某个动作。例如，初始练习课的很大一部分可以用于专门练习髋关节旋转，因为这个动作在非运动环境下不经常使用。协作团队可以针对这个动作开展专门性训练。

与智力活动一样，第二个需要考虑的问题是如何通过提问让学生来分析自己的表现，比如为什么开始髋部旋转之前要先进行等待？协作团队需要考虑的第三个因素是如何安排练习课。

为评分4.0的意识活动内容做规划

评分4.0的学生即使在特殊情况下也可以运用该目标流程。比如，学生能够根据不同的投球速度调整击球的动作。协作团队的任务是设计情境，让学生展示自己已成功掌握了3.0分之外的知识，比如，可以给学生提供一些情境，让他们面对不同速度的投球。

小结

意识活动2.0的入门课程与智力活动2.0的入门课程基本类似，但两者有一点不同：在意识活动中，学生应在进行组内讨论之前先自己尝试操作每个步骤。练习课可以帮助学生达到评分3.0要求的自动化阶段。意识活动的练习课设计需要考虑的因素与智力活动相同。同样，设计意识活动评分4.0的任务时，必须让学生以课堂上未涉及的方式展示其对相关技能的应用。

检验课程设计的有效性

专业学习共同体的协作团队应随着时间的推移持续观察、修订其课程。

协作团队可以使用“课堂巡查”（Instructional Rounds）[①]的方法来检验课程研究过程带来的教学实践影响。

目前，课堂巡查方法已经被行政人员、教师督导和教研员等教育工作者应用于教育系统各个层面。在鲍勃与学校和学区的合作中，他发现当教师以团队形式通过以下方式展开课堂巡查时效果更好。

非评价性路径

课堂巡查旨在帮助协作团队检验团队设计课程的有效性，并将教师个人的教学实践和其所参观课堂的教学实践相比较。教学环节结束时的集体反思和讨论是最重要的部分。课堂巡查通常不会用于为被观摩教师提供反馈。然而，如果被观摩教师有此意愿，课堂巡查也可以用于此目的，在这种情况下，观摩组会将观摩结果进行总结并反馈给被观摩教师。但是，无论是哪种情况，被观摩教师展示的课程都应该是协作团队在课程设计中开发的课程。

实施课堂巡查

巡查小组通常人数较少，三到五人一组，有一名领队教师、团队领导或教研员。领队需在团队中备受尊重并担任引导员的角色。管理人员也可以在旁协助，但必须明确一点，巡查小组的目的不是评估被观摩的教师。

在巡查组观摩当天，被观摩教师应告知学生其他教师将会来听课，并解释听课目的——使其他校内教师可以像学生一样互相学习。当巡查组进入教室时，他们会安静地走到教室的某个位置，不干扰正常的上课秩序，一般

① “课堂巡查”（Instructional Rounds）借鉴了医学领域中“教学查房”（Grand Rounds）的概念。临床教学查房是临床带教老师带领实习医师和其他各级医师，对特定病例进行以向接受医学教育者传授知识和解决患者具体问题为目的的一项重要临床教学活动。本书中，“课堂巡查”指的是一种发生在教育领域的类似活动，协作团队对某个课堂进行观摩、监测、总结，发现课堂存在的问题并最终提升教学质量。——译者注

来说，他们会去教室的后面或侧面。在进入教室后，巡查教师会观摩课堂，记录授课教师使用的具体教学策略。观摩结束时，观摩团队会离开教室并感谢被观摩教师和学生。

巡查汇报

每次巡查后，巡查组成员都会召开会议，轮流总结并反思巡查过程，每位成员都会就观察到的现象做出评论。巡查领导会首先重申会议的目的以及会话的基本原则。一些基本原则如下：

- 除非演示教师明确要求反馈意见，否则不为教师提建议。
- 不得与团队外的任何人分享汇报内容。

巡查教师会轮流就其在听课教室中观察的现象进行汇报评论。当教师做汇报时，推荐使用“利弊分享会”的形式。每位教师首先指出在教室里看到的积极现象（也就是优点）。例如，巡查教师可以就教室的管理情况，以及教师用来检查学生对知识点理解情况的各种策略进行点评。然后，巡查教师对产生积极结果的原因进行猜测。例如，课堂管理得很好可能是因为学生很了解具体流程，学生知道提问时要举手，也很清楚如何从一个活动过渡到下一个活动。

最后，巡查组成员会指出教师使用策略的一些问题或担忧。例如，巡查组成员可能会谈到“我不知道为什么当学生回答错误时，教师会停顿这么长时间，我认为这会严重拖慢教学”。在这一点上，其他观摩员可能会补充他们对这个问题的看法。

每个观摩教师都会分享他们看到的优点和缺点，每位被观摩教师也要进行同样的分享。观摩组教师有权选择不与小组分享他/她对于看到的现象的分析。

最后，巡查组教师对课程结构做出具体评论。这里需要再次强调，他们关注的重点不是教师，而是由协作团队设计并由教师演示的课程结构。观摩组成员应对课程的具体要素进行评论。

总结经验

课堂巡查结束时，巡查组教师会就他们的个人实践和团队开发课程的有效性进行讨论。讨论问题可能包括：

- 我将继续使用哪些教学方法？因为我看到其他教师的使用效果良好。
- 我目前使用的哪些教学策略需要重新审视？
- 哪些教学策略是我没有使用过，但我会尝试的？因为我看见其他教师的使用效果良好。
- 协作团队设计的课程在哪一个部分表现良好？
- 协作团队设计的课程在哪一个部分没有产生预期效果？我们可以如何改进？

例如，一位巡查组教师可能会决定，“基于我今天看到的结果，我准备以后提问时随机选取学生，因为其他教师使用这一策略似乎取得了成功。当学生们回答错误时，我会重新审视自己与他们一起探究问题答案所花费的时间。如果和学生就此问题停留太久，似乎会拖慢教学进度。最后，我对课堂上学生的常规行为有了一些新的想法”。

最后，团队成员会总结他们对课程结构的反思并考虑如何改进课程。

结　论

课堂巡查可以补充但不应取代专业学习共同体的工作——协作团队成

员应一起研究从共同评估中得出的有关学生学习的证据，并根据这些证据对教学有效性做出推断。哈蒂强调，影响学生学习的不仅是对教学的反思，更是教师团队根据检验成果对他们教学实践的集体反思。教育者最终必须将话题从“教师教了什么”或“我们怎么教的”转移到“学生学到了什么”和“我们如何利用学生学习的证据来改善我们的专业实践”等问题。

另一方面，即使是一位非常善于帮助学生进行高水平学习的教师，也完全有可能无法阐明他在成功教学中使用过的具体策略。课堂巡查不仅可以帮助团队成员找出这些策略，而且还可以帮助教师更加了解自身的教学实践。如果课堂巡查策略效果良好，它可以为团队合作和调查提供另一种方法，稳步推动专业学习共同体的发展。

| 第八章 |

学生不学习时的应对策略

高效的学校在其他学校失败的地方取得了成功，原因在于他们始终围绕一件事做规划：帮助学生学习大量知识。这个解释听起来似乎很简单。但是，通过关注学生的学习、创建倡导学习的教育体制，这些学校已经将落后的传统美国学校组织模式远远抛在身后。

——卡林·切诺韦思（Karin Chenoweth）

如果说教育中存在一定的问题，那么其中一个问题就是，尽管每一位用心良苦的教师都尽了最大的努力，但还是有些学生很难获得这些教师努力传授的知识、技能和品德。一个教师团队尽心尽责工作、创建明确可行的课程、设计精彩的课堂、采用多样化的教学策略、持续监控学生课堂学习情况并制定有效可信的评估标准，却在最后发现有些学生并没有进行学习。说这是一个长期存在的问题都低估了这个问题的严重性。这种现象不仅会在一年或两年期课程中出现，而且也会出现在每个单元的学习中，甚至出现在每节课中。当教师精心设计的课程单元已经教完，一些学生掌握了所学的知识，而另一些学生还没有掌握时，一个协作的教师团队该如何应对？在本章中，我们将讨论专业学习共同体如何以系统的方式应对这一挑战。

无效的应对策略

当学生不学习时，学校通常应采取什么样的应对策略？这个问题可以从两个截然不同的角度来思考。一方面，可以说，学校一直在努力解决这个问题，并积极寻求各种促进学生学习的方法。我们来看一看不同学校为提高学生成绩而想出的应对策略：

- 采用新课程或新教材
- 编写教案，以便所有教师都能准确地教授教学内容
- 改变学校结构：将大型高中拆分为小型学校，或为了适应特定校园发展而不断调整年级规模
- 更改课程表，将每节课50分钟变为每节课90分钟
- 转变小学授课模式：原本的小学教学模式是由同一个教师教授一个班级的所有课程，现在转变为每门课程都有不同教师指导的合作模式
- 创建多个学习阶段，让成绩不理想的学生在较基础的阶段学习
- 改变学校规定，如着装要求更严格、学生必须穿校服或改成单性别学校
- 为努力学习的学生发放奖励，如电影票、随身听、奖学金
- 为指导学生在标准化考试中取得优异成绩的老师发放绩效奖金
- 提高或降低成为职业教师的要求

事实上，1987—1997年，《卡潘》杂志（*Phi Delta Kappan*）统计了361种提高学生成绩的好方法，几乎所有这些方法都在美国各地的不同学校试用过。卡彭特（Wade A. Carpenter）进行了相关研究，并提出了多种提高学生成绩的方法。在最近一项综合了800多个会影响学生成绩因素的系统分析中，约翰·哈蒂提出了大量旨在改善学校的建议，他提到了这个令人感兴趣

的发现：

> 许多争论最激烈的问题都是对学生影响最小的问题，比如班级规模、按能力分班、留级、择校、暑假班以及校服规定等等。这些问题会引起如此激烈的讨论是一个让人深思的问题，这些表面的、“外在”的改革太常见了。

我们认为，哈蒂提出的问题——为什么学校经常在对提高学生成绩几乎没有影响的结构调整上投入如此多的努力和精力——有两个答案。第一，结构调整很容易实施，比如，得到批准就可以调整结构。第二，结构调整受欢迎的原因是它能轻易带给教育者一种改革的错觉。在调整结构的过程中，教育者以为自己在做一些有成效的事情。调整结构或者在结构内部做一些改变非但不会改变文化，还经常被视为逃避残酷事实的策略。

教育中最残酷的事实之一是，学校一方面宣称要确保所有学生都学习，另一方面却缺乏深思熟虑、协调一致和系统的应对措施，尽管个别教师尽了最大努力，但还是有些学生不学习。尽管有如此多关于教育改革的讨论，但当学生很难掌握一种知识，并且把这种责任都推给教师时，会发生什么呢？尽管目的与实践之间存在明显的偏差，但在大多数学校，教育工作者仍继续投资于那些徒有虚表、对学生成绩提升毫无用处的结构调整，而不是采用有意义的方式解决基本的学校文化问题。

在与上万名教育工作者一同共事的数十年里，我们发现，教育工作者自己也乐于承认，他们的学校没有固定的方案或流程来应对学习困难的学生。他们说到：

- 有些教师会允许学生二次参加考试或测验，而有些教师不允许
- 有些教师会联系学生家长，告知他们孩子的进步并寻求他们的帮助，而有些教师不会

- 有些教师会在课外为学生提供额外的学习辅导，而有些教师不会
- 有些教师会退还作业并要求学生做出修改，直至其作业达到一定的标准，其他教师只会给作业判不及格

简而言之，他们认为学校正在同学生玩一种类似彩票的教育游戏，也就是说，当学生学习遇到困难时，应对策略几乎完全取决于分配给他们的老师。我们听过这样的故事：有些教师会私下向校长或委员提出请求，不要把自己的孩子分配给某位老师。讲到这里，有些教师可能会露出会心（且不好意思）的微笑。事实上，在华尔街，这种内幕交易可能会导致锒铛入狱，但在教育界，这通常被视为一种职业福利。

如果学校的改进策略要超越哈蒂所谴责的表面改革，解决更实质性的问题，这些改革必须开始影响教师在课堂上的实践，以及当学生陷入困境时学校的集体实践。大多数学校都会说：我们的使命是帮助所有学生高水平学习。这些学校必须准备好解决这样的问题：我们希望学生学习什么？我们如何知道他们何时学会了？

然而，对于这些学校而言，同样迫切需要解决的关键问题是：当学生不学习时他们将如何应对，以及如何丰富和扩展那些优秀学生的学习。

干预应对法：这是解决问题的方法吗

随着2004年《残疾人教育改进法案》（IDEIA）的通过，学校和学区需要制定更结构化和更高效的方法来应对在学习上遇到困难的学生。干预应对法（Response to Intervention）旨在为每节课上的所有学生提供高质量教学，通过形成性评价过程持续监测学生的学习情况，及时提供每个学生在实现预期目标方面的进展信息，并利用分层干预系统，为遇到困难的学生提供额外

时间和循序渐进的帮助。极为重要的是，干预应对法要求教育工作者对每个学生的学习承担共同责任，并协同工作以确保学生学习。

干预应对法的基本理念体现了高质量的教学和常态化的评估，而且它可以在学生学习情况变得更糟之前发现问题，为他们提供及时的帮助，且持续监测学生后续状况，这是有实际意义的。此外，干预应对法体现了驱动专业学习共同体前进的重大理念——高度关注每位学生的学习情况、依托团队协作保证学生的学习质量，并长期检测分析学生的学习表现，以更好地满足学生的需求。专业学习共同体与干预应对法似乎是一个完美的组合，那么在实际操作过程中会出现问题吗？很不幸，答案是："会出现问题，而且会出现很多问题！"

错误的干预应对法

以下是学校和学区在为不学习的学生提供解决方法时常犯的十种错误：

1. 干预应对法成为传统教育实践的附属物，而不是所需文化变革的催化剂。

如果教师们将自己的角色定义为教学而不是确保学生学习，那么干预系统就会成为课堂教师逃避承担学生学习责任的另一个原因。在错误的学校文化中，教师们可能认为："我教了，但他们没有学会，所以让干预系统来解决这个问题吧。"如果教师们继续孤立地教学——教什么、何时教、如何评估学习成绩由每个授课教师自由决定——那么旨在通过集体努力来提高学生成绩的干预系统将无法发挥作用。如果教育工作者继续把教学评估仅视为打分的工具，而不是解决学生需求和改进专业实践的必经之路，那么干预措施对提高学生学习成绩的影响微乎其微。有效干预措施必须与明确且可行的课程、有效信息的评估以及持续改进的过程相结合。简而言之，要成功实施系统干预，“学校不但要为教师提供一套帮助学生学习的方法，而且要帮助他们形成关于角色与责任的新的思考方式”。

2. 干预应对法被看作是一个要按规定完成的清单或需要购买的程序，而不是一个持续地促进学生学习的过程。

如果教育工作者认为为了满足新的组织规定，干预应对法只需要完成清单上的步骤、购买新的课程，或是为学习有困难的学生分配线上学习课程，那么学校终将无法建成有效的干预系统。正如提出干预应对法的作者总结的那样，“如果有一件事是传统特殊教育教会我们的，那就是固守规则并不一定能够提高学生成绩——事实上，情况恰恰相反”。

3. 干预应对法是被动应对而不是主动出击。

我们经常会看到，只有当学生都已经挂科了时，干预计划才被启动来帮助筛选和帮助学生。这种“坐等失败”的方法几乎等同于“等着被判死刑”。正确的干预应对法会对学生学习进行持续的监督。

4. 干预应对法没有为学生的额外学习时间或差异化学习提供支持。

让学生脱离阅读教学，转而为他们提供阅读教学的干预计划，可能为学生提供了一个不同的教学环境，但并没有为他们提供额外的学习时间。另一方面，如果干预计划的内容只是简单地重复已经被证明对特定学生无效的教学策略，那这样的“老一套”也不是有效的干预措施，虽然它为学生提供了额外的学习时间。

5. 让学生自主使用可行的干预措施。

当教育工作者声称已经解决了系统性干预措施的挑战，让需要帮助的学生（如果他们愿意的话）在上学前或放学后“停下来”向老师寻求帮助时，他们其实并没有理解“系统性”或“干预”的意思。

6. 使用干预应对法时关注学习时间而非熟练程度。

当学生被分配到指定的干预时间（例如，九个星期或是一个学期），而不是自己证明熟练掌握某个知识点时，干预的重点就变为确保学生完成了分配的时间而不是确保他们学习。同样，如果教育工作者只注重完成任务而不关注效果，那么干预措施将不会有效。

7. 关注表面症状而非内部原因。

当教育工作者因为学生“语言文学不及格”而实施干预措施时，他们只是在解决表面的症状。如果他们不能更清楚地了解学生不及格的原因，他们将无法进行有效的干预。这就相当于医生仅依据患者胸痛就开出特定的药，但其实引起胸痛的因素有很多——从胃灼热到心脏病发作都可能引起胸痛。为了有效治疗这种症状，医生需要更深入地了解病人。有效的干预也需要对学生缺乏的某种技能进行深入的了解，并使用能帮助学生获得该项技能的最有效的应对方法。

8. 不能提供有效干预所需的沟通渠道。

集体和系统性的干预措施要求所有参与干预进程的人之间进行有效沟通，包括课程教师、协作团队、特殊教育教师、指导教练、辅导教师以及学校管理者。如果学校的主要人员不能清楚地说明学生的预期结果、干预计划的具体步骤、干预提供者承担的责任、监督学生进步的方法、学生必须达到的合格标准，那么干预将是无效的。干预过程中必须保证各方人员都能得到有关学生的具体需求和现有信息。

9. 把最缺乏教学技能的教师分配给最需要专业指导的学生。

在许多学校，学习困难的学生会被分配给那些缺乏教学技能和专业知识的教师，很多情况下都是由家长志愿者、非专业人员、助教或特殊教育教师实施干预措施，他们也许接受过特定学习障碍方面的培训，但对某一特定学科领域所需技能的发展缺乏深入了解。正如国际阅读协会前任主席理查德·阿林顿（Richard Allington）所感叹的那样，当学校让非专业教师教授最难教的学生时，“孩子们的余生都将因为你的决定而处于不利地位”，“最需要指导的孩子得到的指导却是最差、最少的”。

10. 将干预应对法视作特殊教育项目。

教育工作者关于干预应对法最常犯的错误就是将其视为特殊教育的扩展。干预应对法旨在通过强化课堂教学，为全体学生提供系统干预来应对普通教育问题，并以此限制因生理或心理缺陷问题而被托付给特殊教育的学生人数。

在学校系统中，做得好的特殊教育项目会发挥重要作用。它不仅为被公立学校拒绝的学生提供了进入公立学校的机会，而且还为这些学生提供额外的时间和大力支持，帮助他们获得必要的知识和技能。然而，在许多学校，学生获得额外帮助的唯一方法就是让他们接受特殊教育。学生被纳入特殊教育项目不是因为生理或心理缺陷，而是因为他们在学习上遇到了困难。结果导致了特殊教育人员难以有效提供他们本应该提供的服务。

如果学校认为干预应对法是一项特殊教育计划，是为了使更多学生更快地接受特殊教育，那么它的危害将远远大于其好处。它只会加大而非消除普通教育教师和特殊教育教师之间经常存在的人为差距。当普通教育教师认为学习遇到困难的学生存在神经障碍，该由特殊教育教师来解决他们的问题时，干预措施将会是无效的。

有效的干预系统

有些学校试图通过创建系统化流程来应对学习遇到困难的学生。对这些学校，我们给出了以下十条建议：

1. 干预计划必须每天为所有学生提供有效教学。

任何干预计划都无法弥补长期薄弱无效的教学活动。在学校试图为学生提供他们需要的时间和支持来提高他们学习成绩的同时，学校也必须为教育者提供他们需要的时间和支持，以便他们更有效地履行专业职责。

2. 干预计划必须是主动的而非被动的。

为了给学生提供积极的应对措施，学校应评估学生入学时的能力水平和特殊需求。许多学校并没有这一流程，除了任课教师以外，其他教育工作者在几个月后才能发现学生学习中遇到的困难。学生每天都在走下坡路，这样就更难解决他所遇到的困难。如果学校要对此做出回应，就必须采取措施，确保课堂以外的教师能了解学生学习上的困难。当一批学生从一所学校转到另一所学校时，接收学校应询问一个简单的问题："哪位学生最需要我们的帮助？"当学生们在一所学校的课程中不断进步时，年级团队或课程团队也应该提出同样的问题。

3. 干预计划必须依靠评估过程，这一过程持续及时地为团队提供了每位学生的学习情况。

我们认为，教师个人在课堂上记录学生的学习情况，以及教师团队通过合作记录学生的学习情况，对有效教学至关重要。有关每个学生学习的持续信息是推动干预过程的动力，而及时、有效、高质量的评估则是提供这些信息的必要条件。

4. 干预计划必须是多维度的，学习时间和学习支持是变量而不是恒量。

大多数学校都是年复一年、一单元接着一单元的学习，班上最优秀的学生和学习最差的学生学习同一个概念所用的时间都是一样的，学生从教师那里获得的帮助也都是一样的。这不是教师的错，可以利用的指导时间只有这么多，教师没有权力将50分钟的课时转换为75分钟。而且，如果教师将大量的时间和个人精力投入到少数学习困难的学生身上，这种不让学生掉队的努力可能会对班内其他学生的学习造成不利影响。有效的干预计划将确保学生获得额外的学习时间和学习支持，但不会使这些学生脱离新的教学指导。此外，如果学生目前所获得的时间和学习支持不能促进其学习，学校计划应包含额外的帮助，为学生提供更多的指导时间和更大力度的支持。学习时间和学习支持都应该被视为是根据学生需要而增加的资源，是变量而不是恒量。

5. 干预计划是命令性的而不是请求性的。

有效的干预计划不会请求学生将更多的时间投入到学习中或利用额外的帮助，而是要求学生必须这样做。最需要帮助的学生往往是最不可能寻求帮助的人。因此，学校必须有鼓励学生参与干预的流程，就像学校有鼓励学生参加数学课或吃午饭的流程一样。学校的整体氛围要很温暖，但是要求也要很严格，学校的教育者应该“塑造并坚持一种成功、公平、相互尊重的文化……坚持让学生努力学习、激励他人努力、每天都做到最好”。

6. 干预计划是灵活多变的。

干预计划不应规定学生在指定时间段内参加特定的课程，而应随时对学习遇到困难的学生提供应对方法，并在学生熟练掌握相关知识之前为其提供额外的指导时间和帮助。特殊教育计划需花费大量时间才能确定一个学生有资格获得这些服务，而之后也很难确定学生何时不再需要这些服务。但是干预计划与之不同，它所服务的学生按需流入流出。此外，虽然计划中可能包括增加对学生学习支持的一系列连续性步骤，但对于遇到重大学习困难的学生，学校可以选择加速或跳过这些步骤。

7. 干预计划的特点是针对特定学生的需求，具有针对性和精确性。

学校的评估过程应确定学生遇到的具体困难领域，并提供解决方案。一个因“数学成绩不好”而被分配到干预组的学生不应与被判定“不会两位数加减法”的学生得到相同的干预帮助。

8. 干预计划应同时满足有意不学习的学生和非有意不学习的学生的需求。

一些成绩不好的学生正在努力学习所需的知识与技能，但尽管他们付出了努力，却仍然学不会，而有些学生只是不愿意付出提高学习成绩所需的努力。前者需要干预措施为他们提供优秀教师给予强化辅导，这些教师可以洞悉学生遇到的困难并提供指导来克服这一困难。后者需要干预措施来保证他们按照可接受标准完成学习任务。如果这种程度的支持未能促使他们努力学习，学生和家长可能需要借助非教学手段来确定学生学习效率低下的原因。最好的干预计划不会使用单一策略来满足不同学生的需求，而是会提供针对他们各自需求的干预措施。

9. 干预计划是系统性的。

当系统地完成某个工作时，这个过程会遵循一个有组织、有条理、循序渐进的既定计划进行。系统性的干预计划与传统上应对困难学生的随机、随意的方式截然相反。教师和管理者协同工作，确定并实施特定、具体的干预触发点。他们规定干预计划的每一步骤，明确所有员工的角色和责任。特定人员负责监督该过程，每个员工都清楚自己的身份与职责。干预措施的领导者将定期合作，依据学校标准确定需要实施干预措施的学生，确保对每个学生进行干预，持续监控干预的影响来确定哪些学生需要进一步干预以及哪些学生不再需要干预。

有效的干预计划将终结学生遇到困难时面临的那种传统的类似彩票的教育游戏：

> 学校的干预计划将能够：（1）保证学生学习上遇到困难时会获得额外的时间和帮助；（2）向家长保证，无论他们的孩子被分给哪个教师，都能获得及时的指导；（3）保证教师在解决学生的学习问题时不会孤军奋战。全体教职员工应意识到，要想帮助学生，必须借助集体合作的力量。

10. 干预计划将融入高期望、协同合作、稳中求进的文化。

因为系统干预旨在服务所有学生，而不只是学习经常遇到困难的学生，所以有助于消除人们对干预计划的偏见。有效的干预计划既能帮助在微积分方面有困难的学生，也能帮助难以掌握乘法表的学生。

成绩好的学生往往不愿承认他们遇到了困难，因为他们担心自己会被认为缺乏成功的天赋。但当学校建立了服务所有学生的干预系统时，教育者就会传达心理学家卡罗尔·德韦克（Carol Dweck）所说的“成长型思维模式”的高期望，即相信学业成就是不断努力的结果而不是与生俱来的能力。“你还没学会，但你会学会的”与“你学不会，因为你不够聪明”所传达的信息完全不同。“你必须不断学习直到成功”与“你必须在规定时间内学习”两种假设差别巨大。如果做得好，系统性干预将能创造一个颇具挑战但能帮助各种学生培养成长型思维模式的环境。

从这点来看，很明显，当学校成为专业学习共同体时，干预应对法效果最佳。正如布福（Austin Buffum）等人在对有效干预系统的研究中所总结的：“专业学习共同体为实施高效干预计划创造了必要的全校性文化和结构基础。”

开展培优教育

专业学习共同体应考虑的第四个重要问题是："对于优秀的学生，我们该如何丰富并拓展他们的学习？"同样，应对措施应以集体和系统性的努力为基础，而不是听凭运气。以下是学校可以用来解决这个重要问题的七个策略：

1. 为了证明学生已经熟练掌握了某项知识，学校应为学生提供具体的合格标准。

正如我们在第五章、第六章所讲述的，学校帮助优秀学生扩展知识面的最有效方法之一就是使用能力等级量表，帮助学生明确他们做什么和有什么样的表现才能说明他们掌握了某项知识。

2. 在每个教学单元中安排丰富的活动。

在伊利诺伊州汉诺威帕克的安妮·福克小学（Anne Fox Ellementary School）和马里兰州蒙哥马利县的高地小学（Highland Elementary School），学校为每个年级的学生提供了一个每天用于知识拓展和实施干预措施的时间段。在规划各个单元时，各年级的协作团队都会为那些在单元评估中证明自己已熟练掌握知识的学生制定具体的活动。一位或多位协作团队成员将在干预或扩展阶段与这些学生共同努力，而学生也不会直接继续学习新知识，而是会通过参与团队创建的活动加深对知识的理解。

在伊利诺伊州绍姆堡镇的弗罗斯特中学（Frost Middle School）和加拿大新不伦瑞克省的伯尼斯麦克诺顿高中（Bernice McNaughton High School），团队计划在每个单元结束时进行"重新部署"。学生会在单元结束时根据他们对知识掌握的熟练程度被重新分给不同的教师。这一过程通常持续两到三天，达到熟练程度的学生会练习他们学到的技能，而高度熟练的学生则会参与拓展活动。同样，整个团队会为学生提供不同级别的学习支持。我们重申一次：丰富的课程活动旨在加深学生对知识的理解而非提供新的教学指导。经过几天的实践，学生回到他们自己的教师身边，团队就会开始下一个教学单元。

致力于丰富学生学习的学校应在每日教学中安排时间来丰富大家的学习内容，并进行团队合作，确保时间得到充分利用。

3. 为学生提供更严格的课程。

在提供高等课程的学校，丰富学生学习的一个方法是为更多的学生提供学习该课程的机会。这就是第五章中我们所说的“学习机会”的一种具体表现形式。如果没有给学生提供这样的机会，他们就无法在高水平教育中学习。历史上，伊利伊诺州林肯郡的阿德莱·史蒂文森高中曾一度拒绝未进入新生班前10%的学生在高中阶段学习大学课程。之后，该学校改变了理念，取消了参与高级课程的最低学术标准限制，开始鼓励在标准课程中达到熟练程度的学生接受高级课程的挑战，并在上课时间为这些学生提供额外支持来应对这一挑战。与限制少数优秀学生参与该课程时相比，学校将学生参与高级课堂的比率提高了十倍以上，而且学生在大学预修课程中获得优秀的比例更高。

4. 允许学生参加课外活动。

课外活动为学生提供了另一个充实知识储备的机会，尤其在初高中阶段。得克萨斯州凯蒂的辛科牧场高中（Cinco Ranch High School）致力于丰富学生的学习，为学生提供多种机会，帮助他们在传统课堂之外应用所学的知识。当学生有机会加入数学社团、初级工程技术学会、辩论队时，他们就可以在特定领域追求自己的兴趣。当他们能够在学术十项全能、历史博览会、科学奥林匹克、模拟联合国项目、创意写作比赛、音乐比赛和未来商业领袖竞赛中展示自己的学习成果时，他们就可以挑战自己达到更高的标准。

5. 提供与课题相关的独立学习计划。

如果学生能够证明自己熟练掌握了尚未教授的内容，他们就有机会在教师的指导下进行独立学习，而不是留在课堂上练习已经掌握的技能。一个完善的独立学习计划可以为学生提供深刻难忘的学习经历。

6. 让学生当辅导教师。

更深层次理解一个概念或主题的有效方法是尝试把它教给别人。能力强的学生能够从辅导其他学生学习中受益。伯尼斯麦克诺顿高中创建了一个项目，以支持优秀学生辅导他人，并将这个过程列为干预计划的一部分。

7. 提供实习和辅导机会。

能力强的学生可以在感兴趣的领域充当实习生，或者得到来自这些领域的导师的有益指导。阿德莱·史蒂文森高中与当地专业人士建立了积极的合作伙伴关系，这些专家会为该校学生提供实习机会并担任学生导师。

调整课程表

我们常与一些声称确保所有学生高水平学习的学区合作。这些学区很清楚，如果要保证所有学生都学习，那么有些学生需要比其他学生获得更多的学习时间和学习支持。然而，当被问及他们是否为困难学生提供额外时间和支持时，他们通常会回答说没有，因为“课程表不允许我们这样做”。

一项对学校和学区的调查表明，通过系统干预，这些学校和学区在学生成绩方面取得了巨大的进步。这项调查重点突出了38所不同类型的学校，包括城市、郊区、农村学校、各类少数民族学校、发达地区及贫困地区学校，涵盖了规模不一的小学、初中、高中。这些学校分布在不同的州，使用的课程表也不尽相同，包括六节课课程表、七节课课程表、八节课课程表、九节课课程表、板块式课程表、新板块式课程表，以及非常独特的基础课程表。这些学校的共同点是都致力于制定一种能让教师在工作日有机会帮助困难学生的课程表，而且这种额外的学习时间和支持不会让学生错过新的教学。

这些学校的另一个共同点则是高等水平学生的百分比显著增加。教育不是零和游戏，这些学校在实施干预措施和扩展学生学习方面所做的努力使整个学校的学生受益。正如里克和他的同事所言：

> 当教师们齐心协力、熟练地教授某个概念时，即使是经常在学习上遇到困难的学生也能理解这一概念，而且所有学生都能从中受益。不论学生处于何种能力水平，如果在学习初期遇到困难时都能得到额外的学习时间和学习支持，那么所有学生都会受益。对孩子而言，既为困难学生提供额外支持又为优秀学生提供知识扩展的学校文化才是好的。

学校课程表应被视为优先推进改革的工具，而不是学校实施改革的障碍。我们对教育工作者的建议十分简单：课程表不是一份神圣的文件。如果当前的课程表不能为学生提供至关重要的帮助，比如通过系统干预与扩展知识而获得额外的指导时间和支持，你就应该改变它！

结　论

一项对“世界上表现最好的学校系统”的研究得出的结论是：

> 最好的学校系统会有一套监督学生学习和实施干预计划的流程，它们会不断评估学生表现，并制定相应的干预措施帮助

个别学生克服困难……在学生个体层面进行及时干预，就可以预防早期问题发展为长期问题。

最有效的干预措施总是从课堂层面开始，由熟练的教师负责指导，他们对学生的预期表现和现有学习进度有清晰的了解，能够通过形成性评价过程不断记录学生表现，并利用这些表现来解决个别学生的具体需求。有效的干预必须包括全校范围的协作流程，根据学生的具体需求来提供及时、直接、准确和系统的支持，帮助他们高质量地学习。

| 第九章 |

领导者是核心问题

> 理性并不总能产生情感上的共鸣，从而激发想要的行为。如果不考虑情感因素，各个组织就无法实现预期目标……情感的因素就如理性的辩论和逻辑一样，可以影响态度，驱动行动。
>
> ——乔恩·卡岑巴赫（Jon R. Katenbach），
>
> 齐娅·卡恩（Zia Khan）

在本书中，我们已经论述了优秀的教育领导者——管理者、校长、教师——如何通过运用有效的理念和过程来改善学生的学习。我们引用了很多调查研究，参考了相关问题，共享了许多数据，指出领导应注重教育结果，尤其要高度关注协作目标的制定。然而，任何有关高效领导力的书都会承认，这些和团队共同承担切实提高学生学习质量责任的领导者，也会直接“利用”团队成员的情感。

调动情感是“领导力的第一步……也是最重要的一步”。乔恩·卡岑巴赫和齐娅·卡恩一致认为，高效的领导者不仅通过研究和逻辑利用他人的智慧，还通过与他人的情感需求产生联结而运用他们的感情。正如一项对领导力的综合研究所指出的：“简而言之，优秀的领导者之所以擅长提高绩效，是因为他们非常关注人心。”

优秀领导者激励人心的方法之一就是讲故事。通过讲故事影响他人的能力被称作“世界级领导者的终极标志”，这是影响他人思维和行动的最有力策略之一。在本书的最后一章，我们将用数据和故事来说明领导力作为核心问题的重要性。

领导力的第一要义是热爱

最优秀的教育领导者热爱他们的工作、热爱他们的工作目标、热爱他们领导和服务的人。他们倾向于将自己的工作视为使命或事业而非只是一份工作。我们在学区、学校和课堂中认识的最优秀的领导者都明显表现出对教育的热情，正是这种热情帮助他们在面对实质性变革所带来的不可避免的困难时坚持不懈。

当迈克尔·富兰在体制范围内找寻关于有效学校改进的例子时，他选择了加利福尼亚州弗雷斯诺附近的桑格联合学区（Sanger Unified School District）。马库斯·约翰逊（Marcus Johnson）是桑格联合学区的学监、美国学校管理者协会“2011年美国国家年度学监”。他带领学校共同努力，使学区摆脱了“计划改进”的扶持名单，并在整个学区创建了模范学校。约翰逊反对出身决定命运的思想，他坚信优质教育是为当地西班牙裔贫困学生打开机会之门的关键。他用一个在整个学区都受欢迎的口头禅激励员工：“不要责怪孩子”（Do Not Blame The Kids）。该学区的学业成绩指数从2004年的657上升至2010年的805。2004年，与同类学校相比，该学区的15所学校中只有2所学校位于该州成绩排行榜上游，有5所学校居于后10%，还有3所学校排在后20%。而到了2010年，该学区所有学校都位居同类学校排名中的前30%，有9所学校位居前10%。尽管资金投入大幅削减，且有78%的学生属于贫困人口，但该学区学校的表现仍明显优于其他州立学校的表现。

埃德·拉弗蒂（Ed Rafferty）是芝加哥郊区绍姆堡54学区（Schaumburg District 54，Chicago）的领导人，他面临着一项不同寻常的挑战：如何将一个有着27所学校、14,000多名学生的学区变得更优秀。2006年，他要求教育委员会制定了一个长远目标：将该学区建设成为“双90”学区，即在数学和阅读两门课程上都有至少90%的学生达到优秀。为了实现这一目标，拉弗蒂坚持不懈地提升学区内教育工作者作为专业学习共同体成员的能力。在全州评估中，该区在阅读和数学方面达到熟练水平的学生比例分别从2005年的76%和80%稳步上升至2010年的90%和94%。这一进步意味着，2010年该学区知识掌握达到熟练程度的学生比5年前增加了2100人。在2006年，绍姆堡没有一个学校能实现“双90”目标，而到2010年，已有16所学校实现了这一目标，拉弗蒂也被评为当年“伊利诺伊州年度学监”。

当安东尼·穆罕默德（Anthony Muhammad）担任密歇根州底特律（Detroit, Michigan）利维中学（Levey Middle School）校长时，社区中的一些人将学校学生表现糟糕归因于这些学生主要是贫困人口和非裔美国人。穆罕默德否认了这种说辞，他坚信学生有权获得和美国最好学校一样的高质量教育。在三年内，学生在一门或多门课程中不及格的人数从150人下降至6人。同时，在全州考试中阅读达到熟练程度的学生比例从30%上升至88%，数学达到熟练程度的学生比例从31%上升至78%，远远超过全州平均水平。穆罕默德因此被密歇根校长协会评为年度最佳校长。

在得克萨斯州达拉斯附近的斯图尔茨路小学（Stultz Road Elementary School），就读的学生中有78%属于经济弱势群体，95%属于少数族裔。然而校长达尔文·斯贝勒（Darwin Spiller）和学校教职工采用“不惜一切代价”（Whatever It Taks）的模式确保每个学生在学业上取得成功。他们的承诺帮助学生稳步提高成绩，超过95%的学生在得州的知识和技能评估中每个科目都达到熟练程度。该学校消除了学生群体之间的成绩差距，并在五年内将在国家评估中表现优异的学生比例提高了350%。斯图尔茨路小学连续三年在该州被评为模范学校，是得克萨斯州仅有的获得2011年国家一等杰出学校称号的两所学校之一。

丹·拉森（Dan Larsen）与安迪·康宁（Andy Conneen）是协助芝加哥郊区的阿德莱·史蒂文森高中社会研究部制定愿景宣言的两位老师。根据该宣言，社会研究学科对“民主价值观和积极有效的公民身份”至关重要。社会研究教师的任务是“让美国梦在每一代人、每一个新生儿身上重新孕育”。拉森和康宁十分重视对每个孩子的承诺，他们认为，只为少数学生提供优等课程不符合民主原则，也不符合帮助每个学生获得知识以履行公民责任的承诺。因此，他们倡议向所有感兴趣的学生开放美国大学预修课程（Advanced Placement, AP）。为帮助学生满足课程要求，他们在晚上和周末安排了课程学习。当一些学生无法参加这些课程时，他们会通过广播上复习课，学生可以通过电话进行提问。他们的广播课程已被美国有线电视（C-SPAN）收录，每年在全美各地播放，帮助学生准备美国政府举行的大学预修考试。拉森和康宁还在芝加哥的哥伦比亚广播公司（CBS）的新闻网站开通了博客，用于评议社会问题，也为研究政府问题的学生提供帮助。他们的成功鼓励了学校的其他学科将最具挑战性的课程向所有学生开放，这所学校曾经只有7%的毕业生参加大学预修考试，现在这一数字已经超过了80%。

这些领导者的动力不仅来自他们对工作道德责任的信念，还来自他们对服务对象的真实感情。他们证明了富兰所说的领导力的第一秘诀：关爱那些你想要领导的人。这些领导者在谈论他们的教师和学生时充满热情，他们将一起工作的教师视为所面临的挑战的应对者，而非这些挑战的制造者。他们创造帮助他人成功的条件，展示对他人的尊重和承诺。

那些轻视基层领导的管理者、贬低员工积极性和能力的校长，或者对学生表现出轻蔑态度的教师，都无法实现有效领导。归根结底，领导力是一种关爱。

最优秀的领导者必须热爱这项事业，热爱服务目标，热爱实现这一目标的团队同伴。

道德目标：必要但不是全部

尽管强烈的道德责任感是优秀领导者的特征，但这不足以实现有效领导。学校和学区内的教育工作者怀着改变学生生活的真诚愿望进入这个行业，却被这项事业压得喘不过气。最优秀的领导者应意识到，实现有效领导不仅需要崇高的道德志向，还需要坚定的行动和行动导向。最优秀的领导者不会让有远见的想法、计划、崇高的言辞代替有目标的行动。他们会让其他人明晰必须采取的具体措施，从而实现他们所坚持的道德目标。

优秀的领导者会将这种行动与个人承诺结合起来，以获得他们需要的知识和技能。无能的领导者认为自己什么都知道，而优秀的领导者则认为自己需要不断学习如何让自己变得更优秀。这种学习并没有与他们的工作割裂，而是相辅相成。最有效的学习来源于行动，来源于在实践中有所收获。伟大的领导者同时也是伟大的学习者。

想要成为你所能成为的最好的领导者，请将学习能力视为“领导力的主要技能”，不断学习如何能变得更加优秀，并将学习转化为行动。

以身作则

学区、学校和课堂领导者的态度和行为塑造了各自领域的氛围，因为“领导者的情绪非常具有感染性，会在整个组织中迅速传播，无法阻挡”。所有领导者都会面临他们无法控制的问题，但他们能控制的是如何应对这些问题。

优秀的领导者不会只看到其他人需要解决的问题，而是将注意力集中在自己影响范围内的因素上，并通过自己的行动来对结果负责。领导力与级别无关，与责任有关。优秀的领导者对结果负责，因为他们明白“承担责任是领导力的核心”。

愿意对结果负责反映了优秀领导者对情感的一种界定：相信自己有能力通过努力实现目标。他们的乐观并非来自对问题的忽视，而是来自他们有资源和决心来解决问题。因此，宿命论者和悲观主义者很容易认命，而优秀的领导者却自信、坚韧、顽强，始终坚守初心。

学区领导、校长和教师都越来越关注到效能和效益之间的联系。优秀的领导者会通过行动和言语传达他们对个人效能和他们所领导的集体效能的信念。

当史蒂夫·皮尔斯（Steve Pearce）被任命为芝加哥郊区简·亚当斯中学（Jane Addams Junior High School）的校长时，它是学区内表现最差的五所中学中的一所。部分教职工认为，这所学校的成绩无法与其他学校相提并论，因为那些学校是为社会经济地位较高的学生服务的。在担任简·亚当斯中学校长之前，皮尔斯曾在另一所学校成功地开展了专业学习共同体建设。他断然否定了那些教职工的论断，他相信教师可以帮助所有学生学习，并通过采用新的校训来强调这一信心：“无借口、无限制。”（No Excuses, No Limits）

之后，皮尔斯用行动将这句校训变为了现实。他与教职工对学生的行为有了更加一致的期望。当他发现学校频频失败的主要原因是学生没有完成作业时，就提供一个要求学生完成作业的方案。学校建立了系统性干预机制，为学习有困难的学生提供额外的指导时间和支持。未能熟练掌握知识的学生需要继续学习，并在实施完干预措施后进行重新评估。学校每三周会将新的成绩和报告发送给家长及辅导员，以此告知他们的学生的进步情况。教师在协作团队中工作，并利用创建的共同评估结果来改进实践。

在第一学期，不及格学生人数由皮尔斯任职之前的57人变成了2人。持怀疑态度的教师担忧这种变化只是成绩膨胀而非学生学习改善。然而，当年底全州测试结果出来时，即使是这些老师也不得不承认，学生们在各个学科领域都为学校创造了新的纪录。阅读和数学成绩从全区最差上升至阅读第一、数学第二。第二年，学生在全州评估中的总体成绩进一步提高。这些强有力的证据表明，全体教职工的集体努力正以积极的方式影响学生的学习。

并非学校中的每个人都必须相信他们能够帮助学生在更高水平阶段学习，但如果要实现学生成绩的进步，就必须有人相信这种可能性。这个人必须是领导者。

想要成为你所能成为的最好的领导者，你需要展现自己的信心，相信通过你所领导的团队的共同努力，能够进行必要的变革来实现进步，然后拿出具体的证据来证明正在发生的改进，并庆祝已取得的成功。当面对无可辩驳的进步结果的具体证据时，怀疑者就很难继续保持怀疑的态度。

建立共同愿景

彼得·德鲁克（Peter Drucker）将领导者定义为“有追随者的人。没有追随者就没有领导者”。因此，领导者是一项“既简单又复杂”的工作。领导者为整个组织建立一个明确的方向，并影响他们朝着这个方向前进。任何人都可以写愿景声明，描述组织更美好的未来，但这需要优秀的领导来创造一个共同的愿景，实现团队全体成员的希望和梦想。实现共同愿景需要交流而非自说自话，这要求领导者将自己置于他们所服务的对象之中，而不是凌驾于他们之上。

在贝基·伯纳特（Becky Burnette）被任命为弗吉尼亚州富兰克林县布恩斯米尔小学（Boones Mill Elementary School）的校长后，她在学年开始之前留出了一部分时间，以小组形式与每位教职工进行会谈。在会谈中，她要求每个小组回答三个问题：

1. 什么造就了一所好学校?
2. 对我这个校长来说，了解这所学校最重要的是什么?
3. 为了让这所学校变得更好，我们可以做些什么?

她所做的更多是倾听而不是发表观点，她记下了大量笔记，还让教职工阐释或扩展说明他们的想法。

在交谈中，教师们不约而同地提到一件事：大家都希望有更多的时间——有更多时间教书，有更多时间为学习上有困难的学生采取干预措施，有更多时间与同事会面，有更多时间制订计划。因此，贝基与教师领导会谈，制订了一个时间表及一项计划，为职工们提供对他们来说最宝贵的东西——时间。然后，她与教师们合作，就如何利用这段时间进行专业学习共同体的工作达成共识（尽管他们还从未使用过这个术语）。职工们一致认为，这就是他们理想中的学校，还为布恩斯米尔小学许下一个新的共同愿景。在三年内，布恩斯米尔小学成为弗吉尼亚州首批获得美国教育部“有教无类法案蓝带奖”①（NCLB Blue Ribbon Award）的小学之一。

请注意，贝基并没有对教职工说这样的话：“我是你们的领导，在我阐述我个人对这所学校的愿景时，请听我讲。”相反，她说：“我听取了你们和同事的意见。我有一些想法可以帮助实现各位对学校的期望。”像所有伟大的领导者一样，她能够建立一个共同事业，成为一个共同愿景的领导者。

有能力阐述一个实在、可信、有吸引力的愿景，并将其与他人的希望和梦想联系起来是优秀领导者的一项关键技能。当让众多教师描述他们理想中的领导者时，他们的回答与他们对同事的期望十分相似：诚实、能干、智慧、乐于助人等等。唯一显著的区别在于：前瞻性思维。人们期望领导者有超前思维，帮助大家创造一个更美好的未来。

为了使共同愿景能够影响整个团队的日常工作，团队成员必须理解他们的工作如何有助于实现更大的目标。因此，优秀的领导者需要不断提醒他们工作的重要性，以及他们如何为重要的集体事业做贡献。在任何组织中，激励成员最重要的因素之一就是让他们相信自己所做的工作是有价值且值得的，相信这件事能对世界产生积极的影响。优秀的领导者会将工作与更崇高的目标联系起来，称赞员工的重要性，帮助整个团队在工作中找到意义。这就是领导者给予团队的“重要的礼物”。

弗吉尼亚州费尔法克斯县的鹰山小学（Mount Eagle Elementary School）中77%的学生为贫困人口，而该州平均贫困人口比例却是33%。该校95%的学生为少数族裔，而全州平均少数族裔比例为33%。然而，即便如此，在2010年，鹰山小学的学生在弗吉尼亚州各个学科评估中的表现都超过了该州其他学生，至少有90%的学生熟练掌握每个学科的知识。

① “蓝带”（Blue Ribbon）是美国中小学能获得的最高荣誉，每年由美国教育部评定授予。平均而言，美国只有3.9%的学校可以进入蓝带学校之列。——译者注

当教师返回学校开始新学年教学时，校长布莱恩·巴特勒（Brian Butler）为大家举行了一个庆祝活动。学生成绩实实在在地表明，教师对促进学生学习的持续关注产生了理想的成果。然后，他播放了一段视频，伴随着歌曲《如何拯救一个生命》（*How to Save a Life*），学生的笑脸一个接一个地在视频中出现。视频结束，巴特勒告诉全体教职工，视频中的每个学生曾经都未能在全州评估中证明自己掌握了学科知识，但是，现在他们都已经证明了自己。他提醒大家，学生的小学成绩与高中成绩之间存在很强的相关性，他提供了一份预测高中辍学学生未来的统计数据，结果令人不寒而栗。巴特勒要求大家意识到，对许多学生来说，鹰山小学是他们实现美国梦的最后希望。最后，他呼吁大家重新将关注点放在小学的使命上："确保每个学生都能取得成功。"他征求教师想法，了解大家如何对没有取得成功的学生实施干预措施。布莱恩用数据作为庆祝的理由，同时通过每个学生的重要性来触动教师的心。他使每位教师都认识到了自己工作的重要性。

想要成为你所能成为的最好的领导者，你需要将学区、学校或课堂的愿景与学生的希望和梦想联系起来。领导者与团队共同努力，制定具体可行的步骤来实现愿景，然后将愿景与更高的目标联系起来，不断提醒教师或学生他们自己工作的重要性。

赋权与赋能

请回想一下你所认识的最好的、最令你敬佩的领导者，描述一下你们之间的关系。在过去30年里，詹姆斯·库泽斯（James Kouzes）和巴里·波斯纳（Barry Posner）向成千上万的人进行了这个调查，并得出以下结论：

人们回答说，领导者让他们感到自己被赋予了权力、被倾

> 听、被理解、有能力、被重视，感觉自己很重要，愿意去挑战做更多的事情。我们从成千上万的反馈中得到的总体感觉是，最好的领导者会采取行动，让人们感到自己强大且有能力，让人们觉得自己能做的事情比想象中要多。

人们并没有因为领导者的个人才华而敬畏他。面对优秀的领导者，人们并没有感到不自在，因为他们明白领导者正致力于帮助他们在工作中取得成功，人们感到自己被赋予了权力。

正如我们在本书中一直强调的，有效授权并不意味着鼓励人们去做任何想做的事情，而是意味着帮助人们创造成功的条件。这些条件包括：

- 明确工作的目的、优先事项和参数，使人们能够在明确的界限内发挥创造力和自主权；
- 为人们提供资源，帮助其做出明智的决定，而不只是将人们的意见汇总到一起；
- 让他们建立清晰、明确的标准，这样他们就可以监督自己的进步；
- 确保他们拥有充足、及时的数据，为其实践提供参考，并允许他们做出调整；
- 为人们提供培训、支持和资源来帮助其取得成功，从而提高他们取得成功的能力。

最后，赋权意味着建立一种文化，在这种文化中，人们用证据说话。当事情不像预期的那样发展时，团队愿意面对残酷的事实。团队应将证据作为提醒和改进的工具，而非贬低和惩罚的戒尺。在正确的文化中，实践和结果的透明度被视为持续改进的重要工具。在错误的文化中，人们将基准、数据和结果视为他们受到密切监控、不受信任或即将受到惩罚的证据。

在距离洛杉矶市中心10英里[①]的惠提尔联合高中学区（Whittier Union High School District）共有五所综合性高中和一所进修学校，学生总数为一万人。2004年，管理者桑迪·索斯藤森（Sandy Thorstenson）开始为提高学生成绩做准备工作，要求校长和教师领导阅读有关专业学习共同体的书，并陪同他们前往一所全国知名的高中进行了实地考察，这所高中在实践专业学习共同体方面有着悠久的历史。然后，她与教师进行对话，征求他们的观点，并回答他们的问题。在她觉得学区已经完成了建立共享知识的工作后，她提出了学区所有学校都要遵守的三个要求：

1. 每所学校都要实行学区和学校共同制定的共同评估机制。

2. 每所学校都要为教师协作提供时间，并保障这段时间不被其他事情占用。

3. 每所学校都要在日常时间安排表中留出进行学业干预的时间。

学校可自行决定如何处理这些优先事项，但是，尽管实施细节可能因学校而异，预期结果却应保持一致。索斯藤森提出了三项可衡量指标，用以监测每所学校在帮助学生高水平学习方面的成果。

然后，索斯藤森开始在整个学区内寻找和培养领导者，以帮助实现她提出的愿景。她每周举行校长会议，帮助他们发现并解决障碍。她设立了首席教师职位，在学区内任命了123位教师，让他们承担领导共同评估的责任。每位教师负责一个学校，帮助该校教师整理和检索数据，确定学生学习的优势和劣势。她将校内其他员工任命为干预专家，给予专家自由时间来协调干预计划，帮助那些学习上有困难的学生。该学区还重新定义了辅导员的角色，赋予他们重要的领导责任，让其带领大家制定构成学校干预系统的具体

① 10英里约为16.1公里。——译者注

步骤和策略。教师工会在整个改进过程中也发挥了重要的领导作用，许多工会领导人担任首席教师和临时专家。

确保共同评估结果的关注度和透明度能够使教师领导者在教师团队中脱颖而出，并对整个学区的实践工作产生影响。当某位教师的学生取得了非常好的成绩时，这位教师不仅可以培训他团队中的同事，而且还可以培训整个学区的教师，让他们了解学生取得这些成绩的方法。

索斯藤森的授权战略意味着数百名惠提尔学区教育者担任了新的领导角色。该策略实施的结果是：在所有衡量标准和每所学校的学生成绩方面，该学区都取得了显著的进步。南加州大学的研究人员进行的一项研究称赞惠提尔是全州为数不多的每所学校都优于同类学校的学区之一。研究人员认为，惠提尔的成功是因为“该学区专注于实施‘不惜任何代价’的倡议，从学区教育委员会、校领导到教师，各个层面都发挥了巨大的领导作用”。研究人员称赞惠提尔创造了“成功文化”。即使加利福尼亚州面临持续的金融危机，该学区的预算被大幅削减，即使学区贫困学生比例从2002年的28%增加到2010年的70%以上，该学区仍旧取得了这些成就。

惠提尔学区之所以取得显著成功，是因为它没有让每所学校追求自己单独的目标，也没有给予每个教职工不受约束的自主权，让他们只关注自己感兴趣的个人领域，相反，惠提尔的所有教育工作者都十分清楚学区优先事项，并愿意为此负责。同时，在这些优先事项内，所有教育工作者共同分享决定权。

我们讲述这些优秀领导者的故事并不是为了让读者认为，改善学校的关键是找到精英人物。学校总有精英人物，他们的业绩可能已远远超出其职责范围。但是，领导力的关键是培养他人完成集体工作的能力，而不是一个人单打独斗。正如托马斯·萨乔万尼（Thomas Sergiovanni）所说：“领导人通过服务和提供帮助来满足学校的需求。检验领导力的标准是：追随者的能力、幸福感和独立性是否得到提高……以及团队共同参与的事业最终是否受益。”

想要成为你所能成为的最好的领导者，不要独揽大权，而要学会分权。不要把自己当作孤胆英雄，可以单枪匹马地改善学区、学校、课堂的表现，而要将自己视为英雄创造者，锻炼团队同伴的领导力。当你意识到，在你离开之后仍会有许多领导者带领团队进步时，你就会知道自己已经成功了。

结　论

每位管理者、校长、老师都是教育的领导者。不要问你是否能成为领导者，毫无疑问，你会。不要问你是否会有所作为，毫无疑问，你会。问题是：“你将成为怎样的领导者，你将做出怎样的贡献？”你会把你的工作当作一种使命还是只是一份工作？你会热爱你的服务对象还是贬低他们？你会将信念转化为有挑战性的目标和有目标性的行动，还是会仅因为自己有提高学生成绩的意愿而感到满足？你会继续学习如何变得更优秀，还是对自己的知识面足够满意？你会专注于自己能力范围内的事情并努力提高自己，还是会将造成现状的原因和改善现状的责任都归于他人？你是坚信通过合作可以完成伟大的事业，还是屈服于宿命论和玩世不恭？你是会将自己的努力与他人的希望和梦想联系起来，还是只追求自己的目标？你寻求证据的目的是想推动团队持续改进，还是想要借此做出处罚？你是会不断提醒你的同伴他们的重要性并激励他们把工作做好，还是安于平庸？

罗伯特·格林利夫（Robert Greenleaf）区分了“利益型领导者”和“服务型领导者”。前者当领导的目的是获取个人权力和收益，而后者的出发点是“志愿服务大众……确保满足其他人的权益。二者的区分很难却也很容易，观察以下方面即可：在他的领导下，团队成员是否获得了成长？团队成员是否变得更健康、更聪明、更自由、更自主、更具有领导力？”。

亲爱的读者，愿你选择成为一名服务型领导者。在做出这一选择时，愿你能够培养团队同伴的能力，使他们也成为服务型领导者，继承这一优良传统。

参考文献

前言

1.Kouzes, J., & Posner, B. (2003). Challenge is the opportunity for greatness. *Leader to Leader,* 28, 16–23.

2.Farr, S. (2010). Leadership, not magic. *Educational Leadership,* 68(4), 28–33.

第一章

1.Pfeffer, J., & Sutton, R. (2006). *Hard facts, dangerous half-truths and total nonsense: Profiting from evidence-based management.* Boston: Harvard Business School Press.

2.Sparks, D. (1984). Staff development and school improvement: An interview with Ernest Boyer. *Journal of Staff Development,* 5(2), 32–39.

3.Hattie, J. (2009). *Visible learning: A synthesis of over 800 meta-analyses relating to student achievement.* New York: Routledge.

4.O'Neill, J., & Conzemius, A. (2005). *The power of SMART goals: Using goals to improve student learning.* Bloomington, IN: Solution Tree Press.

第二章

1.Lezotte, L. W. (2008). *Effective schools: Past, present, and future.* Okemos, MI: Effective Schools Products. Accessed at www.effectiveschools.com/images/stories/brockpaper.pdf on January 21, 2011.

2.Louis, K., Leithwood, K., Wahlstrom, K., & Anderson, S. (2010). *Learning from leadership: Investigating the links to improved student achievement.* Minneapolis: University of Minnesota.

第三章

1.Elmore, R. (2003). *School reform from the inside out: Policy, practice, and performance.* Boston: Harvard Education Press.

第四章

1.Fullan, M. (2010a). *All systems go.* Thousand Oaks, CA: Corwin Press.

2.Fullan, M. (2010b). *The moral imperative realized.* Thousand Oaks, CA: Corwin Press.

3.Gallimore, R., Ermeling, B., Saunders, W., & Goldenberg, C. (2009). Moving the learning of teaching closer to practice: Teacher education implications of school-based inquiry teams. *Elementary School Journal,* 109(5), 537–551.

4.Katzenbach, J. R., & Smith, D. K. (2003). *The wisdom of teams: Creating the high-performance organization.* Boston: Harvard Business School Press.

第五章

1.Hirsch, E. D., Jr. (1996). *The schools we need and why we don't have them.*

New York: Doubleday.

2.Stevenson, H. W., & Stigler, J. W. (1992). *The learning gap: Why our schools are failing and what we can learn from Japanese and Chinese education.* New York: Simon & Schuster.

3.Popham, W. J. (2009b). *Unlearned lessons: Six stumbling blocks to our schools' success.* Cambridge, MA: Harvard Education Press.

4.Marzano, R. J., & Kendall, J. S. (2007). *The new taxonomy of educational objectives* (2nd ed.). Thousand Oaks, CA: Corwin Press.

5.Marzano, R. J. (2009a). *Designing and teaching learning goals and objectives.* Bloomington, IN: Marzano Resources.

6.Duschl, R. A., Schweingruber, H. A., & Shouse, A. W. (2007). *Taking science to school: Learning and teaching science in grades K–8.* Washington, DC: National Research Council.

第六章

1.Hattie, J., Krakowksi, K., Rogers, H. J., & Swaminthan, H. (1996). An assessment of Stout's index of essential unidimensionality. *Applied Psychological Measurement,* 20(1), 1–14.

2.Marzano, R. J. (2010b). *Formative assessment and standards-based grading.* Bloomington, IN: Marzano Resources.

3.DuFour, R., DuFour, R., Eaker, R., & Many, T. (2010). *Learning by doing: A handbook for professional learning communities at work.* (2nd ed.). Bloomington, IN: Solution Tree Press.

第七章

1.Marzano, R. J. (2009b). Setting the record straight on “high-yield” strategies. *Phi Delta Kappan,* 91(1), 30–37.

2.Stigler, J. W., & Hiebert, J. (1999). *The teaching gap: Best ideas from the world’s teachers for improving education in the classroom.* New York: Free Press.

3.Marzano, R. J. (2007). *The art and science of teaching: A comprehensive framework for effective instruction.* Alexandria, VA: Association for Supervision and Curriculum Development.

第八章

1.DuFour, R., DuFour, R., Eaker, R., & Karhanek, G. (2010). *Raising the bar and closing the gap: Whatever it takes*. Bloomington, IN: Solution Tree Press.

哈佛大学教育学院
学校创新管理课

➩ 哈佛大学教育学院变革领导力项目长达11年的科学研究成果。

➩ 一套融合“组织”与“个人”的科学而实用的学校创新管理系统，为学校管理提供强有力的分析框架与实用工具。

➩ 提供系统的行动步骤、诊断工具、个人练习和小组练习，为读者提供行动指南，引导读者“通过行动来思考”。

ISBN：978-7-5153-6938-9
作者：【美】托尼·瓦格纳等
定价：59.90

内容简介

全球知识经济时代已经到来，人才被重新定义，学生及其家庭生活环境也发生了变化。这些现状对教育领导者提出了前所未有的要求，使得学校转型势在必行。

本书提出了一套经过深入研究和实践检验的实用系统，为教育领导者提供了分析学校转型工作的框架。该系统包含“组织”和“个人”两方面，可以帮助教育管理者培养应对转型所需的组织能力和个人能力。书中还提供了概念阐述、行动步骤、诊断工具和个人/小组练习，引导读者“通过行动来思考”，再将思考后的成果运用到学校管理工作中去。

作者简介

托尼·瓦格纳，美国知名教育人士，哈佛大学教育学博士，哈佛大学教育学院变革领导力小组（Change Leadership Group）的联合创办人暨前联席主任，曾任哈佛大学创新实验室常驻专家。他是比尔及梅琳达·盖茨基金会的资深顾问，也是“社会责任教育者组织”（Educators for Social Responsibility）的联合创始人和执行董事。瓦格纳曾任高中教师、八年制中学（K-8）校长、大学教授。他经常受邀在国际研讨会发表专题演讲。

罗伯特·凯根，美国发展心理学家，哈佛大学教育学院变革领导力小组的联合主任，哈佛大学教育学院成人学习和专业发展教授、哈佛大学教育管理和领导力研究所教育主席。

丽莎·莱希，哈佛大学教育学院变革领导力小组副主任。

理查德·W. 莱蒙斯，哈佛大学教育学院变革领导力小组副主任。

裘德·加尼尔，哈佛大学教育学院变革领导力小组的创始成员，也是一名有着16年教龄的资深教师。

黛博拉·赫尔辛，哈佛大学教育学院变革领导力小组的高级项目助理。

安妮·豪厄尔，哈佛大学教育学院变革领导力小组的高级博士研究员。

哈丽雅特·瑟伯·拉斯马森，哈佛大学教育学院变革领导力小组的高级顾问。

重构学校教育模式

如何选择最优手段实现教育目标

- ➩ **提供日本公立名校教育改革可借鉴的成功模板，大到学校管理、考试制度与研学活动，小到作业布置、笔记模板与纪律教育，为教师提供高效解决方案。**
- ➩ **提供教育改革思路，用“手段与目的”的视角重新审视学校制度与教学活动，帮助教育工作者明晰工作重点，提升教学效率。**

ISBN：978-7-5153-6806-1
作者：【日】工藤勇一
定价：48.00

内容简介

学校存在的目的是什么？从根源上说，是“为了让人能更好地立足于社会”。但在实际教学中，教育工作者常常错将教育“手段”当成“目的”，使学校活动背离了教育的初衷。

基于此，日本公立名校麹町中学重新审视了学校里那些“理所当然”的制度，并对教学实践体系和管理体系进行了改革，涉及到家庭作业、考试制度、班主任制度、运动会运营、学生笔记模板、研学旅行、课外活动等方面。书中详细介绍了每项改革的内容和背后的逻辑与思考，将为教育工作者打开新思路，帮助他们从教育的原点出发，培育出自律自主、全面发展的学生！

作者简介

工藤勇一，现任日本千代田区立麹町中学校长，兼任日本教育再生执行会议委员、经济产业省“未来教室”与EdTech研究委员会委员等职务。曾任日本山形县公立中学教员、东京都公立中学教员，并在东京都教育委员会、目黑区教育委员会、新宿区教育委员会曾任教育指导员等职。